S.F.
V.

Henri Michaux

REISE NACH GROSS-GARABANNIEN

S. Fischer

Diese Übersetzung entstand unter der Leitung von Traugott König 1984–1986 in einem Seminar des Instituts für Romanische Sprachen und Literaturen an der Johann Wolfgang Goethe-Universität in Frankfurt am Main. Die Schlußredaktion wurde von Chantal Blanchard-Rezagholi, Udo Bremer, Johannes Farr, Traugott König und Ulrike Schubert besorgt.

Die französische Originalausgabe erschien 1936 unter dem Titel ›Voyage en Grande Garabagne‹ bei Editions Gallimard, Paris

Umschlaggestaltung: Buchholz/Hinsch/Walch unter Verwendung eines Werkes von Paul Klee, 1921, 131, »Der große Kaiser, zum Kampf gerüstet« Aquarell und Ölfarbezeichnung auf gipsgrundierter Leinwand, 43,5 × 28,2 cm / Privatsammlung Schweiz

Satz: Wagner GmbH, Nördlingen
Druck und Einband:
Franz Spiegel Buch GmbH, Ulm
Printed in Germany 1989
ISBN 3-10-049112-2

INHALT

VORWORT

Der Autor hat sehr oft woanders gelebt: zwei Jahre in Garabannien, ungefähr ebenso lange im Land der Magie, etwas kürzer in Poddema. Oder viel länger. Präzise Daten fehlen.
Diese Länder haben ihm nicht immer übermäßig gefallen. Er hat sich dort wohler gefühlt als in Europa. Das ist immerhin etwas. An manchen Orten hätte er sich beinah eingewöhnt. Nicht wirklich. Ländern kann man nicht genug mißtrauen.
Er ist von jeder Reise nach Paris zurückgekehrt. Er hat keine unbegrenzte Widerstandskraft.
Einige Leser haben diese Länder etwas merkwürdig gefunden. Das wird nicht so bleiben. Dieser Eindruck schwindet schon.
Auch der gibt die Welt wieder, der ihr entkommen wollte. Wer könnte entkommen? Das Gefäß ist verschlossen.
Diese Länder, wird man feststellen, sind im Grunde vollkommen natürlich. Man wird sie überall wiederfinden ... bald. Natürlich wie die Welt der Planeten, der Atome, der Insekten, natürlich vor allem wie die Lust zu leben, die Lust zum Bruch, wie der

Hunger, wie die Härte der Wissenschaft, wie der Durst, zu verändern, neu anzufangen, zu überschreiten, die Atome zu beschießen, seine Heimat zu verlassen... Millionen von »Möglichkeiten« etwas hinzuzufügen.

H. M.

REISE NACH
GROSS-GARABANNIEN

BEI DEN HACS

Als ich in dieses Dorf kam, wurde ich von einem merkwürdigen Geräusch zu einem Platz voller Menschen gelockt, in dessen Mitte auf einem Podest zwei fast nackte Männer mit fest sitzenden und schweren Holzschuhen auf Leben und Tod gegeneinander kämpften. Obwohl ich nicht zum ersten Mal ein so rohes Schauspiel erlebte, überkam mich ein Unbehagen beim Klang bestimmter Holzschuhtritte gegen den Körper, so dumpf, so unterirdisch.

Das Publikum sprach nicht, schrie nicht, sondern ühühte. Diese unmenschlichen Klagen, ein Röcheln komplexer Leidenschaften, umgaben wie riesige Wandbehänge diesen »gemeinen« Kampf, wo ein Mensch ohne jede Größe sterben würde.

Und was immer geschieht, geschah: ein harter und blöder Holzschuh traf einen Kopf. Die edlen Züge, auch die unedelsten sind es, die edlen Züge dieses Gesichts wurden zertreten wie irgendeine Rübe. Die Wörterzunge fällt. Während das Gehirn im Innern nicht einen Gedanken mehr ausbrütet und das Herz, dieser schwache Hammer, seinerseits Schläge erhält, aber was für Schläge.

Genug, er ist ja schon tot! Dem andern also der Geldbeutel und die Befriedigung.
»Nun«, fragte mich mein Nebenmann, »was halten Sie davon?«
»Und Sie?« sagte ich, denn in solchen Ländern muß man vorsichtig sein.
»Na ja!« erwiderte er, »das ist ein Schauspiel, ein Schauspiel wie jedes andere. In der Tradition hat es die Nummer 24.«
Und nach diesen Worten grüßte er mich herzlich.

✧

Man riet mir, in die Provinz Wan zu fahren. Dort ist ein Kampf üblich, aus dem alle anderen hervorgegangen sind. Er trägt bei den Schauspielen die Nummer 3, und man schlägt sich in einem Sumpf.
Dieser Kampf findet gewöhnlich unter nahen Verwandten statt, damit der Kampfgeist größer ist.
Man ahnt sofort, welche Kämpfe am beliebtesten sind.
Der Altersunterschied zwischen den Generationen zählt nicht, sofern die Körperkräfte ausgewogen sind.
Bei diesen Schauspielen wird kaum je geflüstert. Nur der klebrige Schlamm, unparteiisch, aber heimtükkisch, belebt diesen Kampf, manchmal einen leichten Klaps bis zum Donner steigernd, manchmal einen tragischen Schlag in den Unterleib fast völlig verschlukkend, niederträchtig, kriechend, immer offen für den, der sich aufgibt. Die glänzenden Büffel mit menschlichen Gliedern und schlammtriefendem Kopf schnaufen, kämpfen, halb erstickt, blind und taub von diesem

verräterischen Schlamm, der überall eindringt und bleibt und verstopft.

✧

Ich sah den Kampf zweier Brüder. Seit vier Jahren mieden sie einander, entwickelten ihre Kräfte, vervollkommneten sich. Sie trafen aufeinander, ohne zu verstehen, könnte man sagen. Sie fingen an, sich wie im Traum abzutasten, und beschmutzten sich mit Schlamm, als wollten sie die Familienzüge unkenntlich machen, die sie jetzt verhöhnen würden, und wie! Der alte Haß aus der Kindheit kam in ihnen nach und nach wieder hoch, als einer den anderen mit der klebrigen Lepra der Erde beschmierte, und die Gefahr drang in Nase, Augen, Ohren, eine düstere Warnung. Und mit einem Schlag waren es zwei Dämonen. Aber es gab nur einen Angriff. Vom Schwung mitgerissen, fiel der Ältere mit dem anderen in den Schlamm. Welche Raserei da unten! Nicht endende Sekunden. Weder der eine noch der andere kam wieder hoch. Der Rücken des Älteren tauchte für einen Moment auf, aber sein Kopf konnte sich nicht vom Morast lösen und versank unaufhaltsam darin.

✧

In der Nacht, bei schwachem Mondlicht, soll der Kampf am interessantesten sein. Das fahle Leuchten des Mondes verleiht ihm etwas Ungeheuerliches, und Gesichtsausdruck und Raserei der Kämpfenden sind ganz anders: die Dunkelheit verzehnfacht sie, besonders wenn Frauen kämpfen, weil Scham und Achtung vor dem anderen für sie mit dem Licht verschwinden.

Während tagsüber selbst die Raserei sich listig versteckt, niemals dämonisch ist, läßt sie nachts dagegen das Gesicht sofort rot anlaufen oder blaß werden, klebt als ein infernalischer Ausdruck daran. Es ist schade, daß man einen solchen Ausdruck nur im Halbdunkel wahrnimmt. Trotzdem ist dieser Moment der Haltlosigkeit des Gesichts ein unvergeßliches Schauspiel. Mag der Kampf auch noch so wütend sein, er steigert nur diesen allerersten Ausdruck. (Die Nacht ist auch deshalb gut, weil man gesammelter ist, ganz seiner eigenen Leidenschaft hingegeben.) Diese scheußlichen Grimassen gehen einem unter die Haut. Gesichtsausdrücke, die möglicherweise ein ganzes Leben lang nicht erscheinen und sich hier, angezogen von der Nacht und den unwürdigen Umständen, mit Sicherheit zeigen. Die Zuschauer aus der Oberschicht der Hacs versäumen nie, einem zu erklären, daß nicht der Kampf sie anzieht, sondern die Offenbarungen, die sich auf dem Gesicht abzeichnen. Natürlich müssen es nahe Verwandte sein, die kämpfen, oder wenigstens eingefleischte Feinde.

✧

Ich kenne Städte, in denen man nie zur Ruhe kommt, so sehr überwiegt dort der Hang zu bestimmten Schauspielen. Und die Jungen haben nicht das Maß der Alten.

Es ist leicht, ein paar wilde Tiere in die Stadt zu bringen (die Umgebung ist voll davon). Plötzlich springen aus dem Wirrwarr von Fahrzeugen drei oder vier schwarze Panther hervor, die, obwohl verschreckt, gräßliche Wunden schlagen können. Das ist das Schauspiel Nummer 72. O gewiß, die Veranstalter dieser Zerstreuungen haben sich nichts Böses dabei gedacht. Aber wenn man sich auf einer solchen Straße befindet, ist es besser, das Schauspiel nicht allzu lange zu bewundern; man muß schnell sein, weil sich der schwarze Panther noch schneller entscheidet, unheimlich schnell, und nicht selten erliegt eine Frau oder ein Kind schrecklichen Verletzungen.

Gewiß bemühen sich die Behörden, diesen Vergnügungen Einhalt zu gebieten, aber nachsichtig. »Die Jugend macht Erfahrungen, die etwas brutal sind«, sagen sie, »aber es steht der rechte Geist dahinter. Im übrigen ist dieses Schauspiel gebührenpflichtig.«

Die Gebühr beträgt 25 Basch für jeden Veranstalter. (Alle Schauspiele ab Nummer 60 sind gebührenpflichtig.)

✧

Als ich Anzeige erstattete wegen eines Diebstahls, der bei mir, ich weiß nicht wie, am hellichten Tag neben dem Arbeitszimmer, wo ich mich aufhielt, begangen wurde (das ganze Silber war weg, bis auf einen Teller), sagte der Kommissar zu mir: »Ich werde tun, was nötig ist. Aber wenn ein Teller übrig blieb, ist das sicher kein Diebstahl, sondern das Schauspiel Nummer 65. Von der Gebühr erhalten Sie als Geschädigter 50 Basch.«

Und einige Augenblicke später kam ein junger Schnö-

sel, wie es sie in allen Ländern gibt, herein und sagte: »Da haben Sie Ihr Silber«, als ob er es wäre, der beleidigt sein müßte. »Nicht sehr witzig, das Ganze«, sagte ich verächtlich, »was hat Ihnen das eingebracht?«
»280 Basch«, antwortete er triumphierend, »alle benachbarten Balkons waren vermietet.«
Und ich muß noch auf eigene Kosten mein Silber nach Hause bringen.

✧

Sie haben auch »Allgemeine Feuergesellschaften«. Große und kleinere, die auf den Schultern eines Jungen ruhen.
Wenn man genau aufpaßt, sieht man welche, die heimlich, mit Feuerkörben, in die Viertel der reichen Wohnstätten schleichen.
Tja! Man muß sich mit diesen Jugendlichen gut stellen, bevor das Feuer solche Ausmaße gewinnt, daß es die emotionslüsterne Menge anzieht, die für das Haus keinen Finger rührt.
Fürwahr nicht. Die Menge fiebert nach Feuer.

✧

Ihre Spezialität sind Tierkämpfe. Jedes Tier, das die geringste Veranlagung zum Kampf hat (und welches hat die nicht), stellen sie unter Beobachtung, überwachen es und experimentieren mit seinen Antipathien gegen Hunderte anderer Arten, die sie zu diesem Zweck eingesperrt haben, bis sie genaue und gesicherte Reaktionen erzielen.

Sie wissen, daß man das Gelände nur ein ganz klein wenig zu verändern braucht, damit ein musterhaft braves Tier zu einer unbändigen Furie wird, und mit einer entsprechenden Behandlung gelingt es ihnen, noch das weichste und gallertartigste Geschöpf aufzustacheln. Wenn ihre Pharmazie so umfassend, wirksam und geradezu einzigartig auf der Welt ist, so verdanken sie das der Erfahrung dieser Kampfvorbereitungen. Ich habe dort blutrünstige Raupen und Kanarien-Teufel gesehen, Augenstecher und Trommelfellstecher, vor denen man mit Entsetzen floh. (Sie benutzen auch, wie man sich denken kann, Waffen und Harnische aller Art, durch die jene schreckenerregend werden, die die Natur am nacktesten gelassen hat.)

✧

Man trifft zuweilen um die Mittagszeit auf einer Straße der Hauptstadt, begleitet von einer Abteilung Königlicher Garden, einen Mann in Ketten, der zufrieden aussieht. Dieser Mann wird zum Tode geführt. Er hat gerade »einen Anschlag auf das Leben des Königs verübt«. Nicht, daß er mit ihm auch nur im geringsten unzufrieden gewesen wäre! Er wollte einfach das Recht erwirken, in einem Hof des Palastes hingerichtet zu werden, feierlich, in Anwesenheit der Königlichen Garde. Der König, unnötig, es zu sagen, wird nicht unterrichtet. Seit langem interessieren ihn diese Hinrichtungen nicht mehr. Aber die Familie des Verurteilten erwirbt damit große Ehre, und der Verurteilte selbst erfährt nach einem traurigen, übrigens wahr-

scheinlich durch seine Schuld verpfuschten Leben endlich eine Genugtuung.
Jeder Erwachsene ist berechtigt, das Schauspiel Nummer 30, genannt »Empfangen des Todes in einem Hof des Palasts«, zu geben, wenn er es, in der danach spontan gestandenen Absicht, »einen Anschlag auf das Leben des Königs zu verüben«, geschafft hat, das große Gitter, das Gitter des kleinen Parks und ein Eingangstor zu überwinden. Das ist nicht sehr schwierig, wie man sieht, und man wollte auf diese Weise gerade denjenigen einige Genugtuungen verschaffen, denen sie so sehr gefehlt hatten.
Die wirklichen Schwierigkeiten hätten am zweiten Tor angefangen.

✧

Die Hacs sorgen dafür, daß jedes Jahr einige Kindermärtyrer ausgebildet werden, die sie schlechten Behandlungen und offensichtlichen Ungerechtigkeiten aussetzen, wobei sie für alles ein Lügengeflecht aus enttäuschenden Gründen und Kompliziertheiten erfinden, in einer Atmosphäre voll Schrecken und Geheimnis.
Diese Aufgabe obliegt hartherzigen Männern, Rohlingen, die von grausamen und geschickten Vorgesetzten angeleitet werden.
So haben sie große Künstler, Dichter, aber unglücklicherweise auch Mörder, Anarchisten (es gibt immer Fehlschläge) und vor allem Reformer, beispiellose Extremisten ausgebildet.
Wenn an den Sitten und an der sozialen Ordnung eine

Veränderung vorgenommen wurde, ist das ihnen zu verdanken; wenn trotz ihrer kleinen Armee die Hacs nichts zu fürchten haben, verdanken sie es wieder ihnen; wenn in ihrer so klaren Sprache Wutblitze festgehalten wurden, neben denen die süßlichen Raffinessen der ausländischen Schriftsteller wie ein fader Brei erscheinen, verdanken sie es wieder ihnen, einigen elenden und verzweifelten zerlumpten Gören.
Gegen jene, die zum berühmten Mann neigen, gibt es übrigens immer die *Gesellschaft zur Verfolgung der Künstler*.

✧

An jenem Tag ertränkten sie den Regierungschef und drei Minister. Der Pöbel war entfesselt. Die Hungersnot eines ganzen Winters hatte sie zum Äußersten getrieben. Ich fürchtete einen Augenblick, sie würden deshalb unser Viertel plündern, das das reichste ist. »Nein, nein«, sagte man mir, »machen Sie sich keinerlei Sorgen in dieser Hinsicht. Das ist offensichtlich das Schauspiel Nummer 90 mit seinen natürlichen Ergänzungen 82 und 84 und den allgemeinen Schauspielen. Aber um ganz sicher zu sein, werden wir uns erkundigen.«
Der eine befragt seinen Vater, der andere seine Großmutter oder einen Beamten ersten Ranges. Es war tatsächlich so. »Trotzdem sollte man besser nicht hinausgehen«, sagte man mir, »außer mit einigen starken Fleischerhunden, wegen der gegen vier Uhr losgelassenen Bären und Wölfe, die zur Nummer 76 gehören.«
Da sich in der folgenden Woche die Situation ver-

schlimmerte und man immer noch nichts gegen die Hungersnot tat, schloß ich, daß man Gefahr lief, demnächst einige Schauspiele in den 80ern zu sehen. Meine Freunde lachten darüber nur. Aber mein Unbehagen war stärker, und ich verließ, vielleicht für immer, das Land der Hacs.

DIE EMANGLONEN

Sitten und Gebräuche

Wenn ein Emanglone schlecht atmet, sehen sie ihn lieber nicht mehr leben. Denn sie meinen, daß er nicht mehr zur wahren Freude gelangen kann, welche Mühe er auch darauf verwendet. Der Kranke kann wegen der den Menschen natürlichen Sympathie nur Unruhe in die Atmung einer ganzen Stadt bringen.

Deshalb, aber gänzlich ohne Groll, wird er erdrosselt.

Auf dem Land ist man ziemlich primitiv, einige verständigen sich untereinander, und an einem Abend geht man zu ihm und erdrosselt ihn.

Mit dem Ruf »Freunde!« dringen sie in die Hütte ein. Sie rücken näher, dicht aneinandergedrängt mit vorgestreckten Händen. Es ist schnell getan. Der Kranke hat nicht die Zeit, wirklich erstaunt zu sein, schon ist er von starken, entschlossenen Händen erwürgt. Händen von Männern der Pflicht. Dann gehen sie gelassen weg und sagen, wem sie begegnen:

»Wissen Sie, der Soundso, der einen dermaßen chaotischen Atem hatte, ja, der hat ihn plötzlich in unserer Gegenwart verloren.«

»So?« heißt es, und das Dorf findet seinen Frieden und seine Ruhe wieder.
In den Städten aber gibt es für die Erdrosselung eine, übrigens schlichte, Zeremonie, wie es sich gehört.
Zum Erdrosseln wird ein schönes jungfräuliches Mädchen ausgewählt.
Ein großer Augenblick für sie, solcherart auf die Brücke zwischen Leben und Tod berufen zu werden!
Die Sanftheit, mit der diese Leidenden dahinscheiden, wird dem Mädchen als Vorzug angerechnet. Denn erreicht zu haben, daß ein Kranker sanft zwischen angenehmen Händen erlischt, ist, so sagen sie, ein treffliches Vorzeichen für Kinderliebe, Mildtätigkeit und, was den Besitz angeht, sichere Haushaltsführung. Sie findet sofort sehr viel mehr Ehemänner, als sie braucht, und es ist ihr erlaubt, selbst zu wählen.
Die Schwierigkeit besteht darin, sanft zu sein und gleichzeitig fest zuzudrücken. Einer Koketten wird das nicht gelingen, einer Brutalen ebensowenig.
Es bedarf solider Eigenschaften einer wahrhaft weiblichen Natur.
Welches Glück aber, wenn es geschafft ist, und wie sehr versteht man die Freudentränen des Mädchens, wenn die Anwesenden ihr bewegt gratulieren!

✧

Da, wo das Murmeln eines Baches näher kommt und das Schillern des Lichts auf den kleinen Wellen und Runzeln des Wassers, kann man darauf gefaßt sein, auch einige Emanglonen zu treffen.

Die Emanglonen fühlen sich ständig aufgeritzt vom Murmeln der kleinen Sprünge des Wassers der Bäche, aufgeritzt und gleich danach besänftigt.
Daher sieht man sie in der Nähe der fließenden Gewässer von ihrer besten Seite. Wie Genesende, zwar noch ein bißchen leidend, aber durchaus auf dem Wege guter Besserung, sind sie dann anderen gegenüber aufgeschlossen, und es ist nicht unmöglich, wenn sich der Bach, obwohl friedlich und in seinem kleinen Rahmen gehalten, in äußerst aufreizenden Sprüngen und Kaskaden bewegt, es ist nicht unmöglich, daß sie sich dann mit einem beschäftigen und einen freundlich ansprechen.
Man spürt dann Lust von ihnen ausgehen. Aber da sie nicht gewohnt sind, sich auszudrücken, besonders bei Fremden, kommt, zusammen mit wenigen Worten, vor allem viel Glucksen aus ihnen heraus, voll zweifellos trefflicher Gefühle.

✧

Arbeit ist bei den Emanglonen schlecht angesehen, und wenn sie länger dauert, ruft sie bei ihnen oft Störungen hervor.
Nach einigen Tagen anhaltender Mühsal kommt es vor, daß ein Emanglone nicht mehr schlafen kann.
Man sagt ihm, er soll sich mit dem Kopf nach unten hinlegen, man zwängt ihn in einen Sack, nichts hilft. Der Mensch ist ausgelaugt. Er hat nicht einmal mehr die Kraft zu schlafen. Denn Schlafen ist eine Reaktion. Man muß dieser Anstrengungen noch fähig sein, und

das bei völliger Erschöpfung. Der arme Emanglone verfällt also. Wie sollte man auch nicht verfallen, schlaflos mitten unter Leuten, die sich sattschlafen? Aber einige erholen sich halbwegs, wenn sie an einem See leben, beim Anblick der Gewässer und der sinnlosen Muster, die das Mondlicht zeichnet, und es gelingt ihnen, einige Monate zu leben, wenn auch tödlich angezogen von der Sehnsucht nach tiefem Schlaf.
Sie sind leicht zu erkennen an ihren zugleich trüben und eindringlichen Blicken, die den Tag und die Nacht aufsaugen.
Wie unvorsichtig, arbeiten zu wollen! Jetzt ist es zu spät.

✧

Schlaf ist für die Emanglonen übrigens immer das Problem Nummer 1 gewesen.
Daher haben sie auf unglaubliche Weise die Stellungen, die zum Schlaf führen, der Vielfalt ihrer Stimmungen angepaßt.
Selbst die Armen begnügen sich nicht mit zwei oder drei Betten verschiedener Modelle. Sie müssen es sich noch in der Luft in einem Gewirr von Laken und Riemen bequem machen können.
Die Reichen haben eine größere Auswahl.
Um eine Trommel gerollt, die ein Diener zu leichten Drehungen bringt, in eine Matratze eingenäht (nur der Kopf ragt heraus), während man mit Latten auf sie einhaut (denn sie sind ein bißchen lymphatisch), in einem heißen Schlammbad ausgestreckt, kommen sie in den Genuß von unendlich vielen Annehmlichkeiten.

Welche Methode auch immer angewandt wird, es geht um folgendes: Der Anwärter auf Schlaf muß spüren, daß es nutzlos ist zu kämpfen, daß er schon im voraus geschlagen ist.
Vormittags, nach dem dichten und schweren Schlaf der Nacht, ist der Gesichtsausdruck des Emanglonen am seltsamsten und wie außerhalb des Menschlichen; mit jenem düsteren und, obwohl er nichts Verständliches sagen will, sprechenden Blick, wie ihn manchmal kranke und rheumatische alte Hunde bei einem bösen Herrn haben, an dem sie dennoch hängen.

✧

Wenn der Emanglone tagsüber reist, dann eingeschlossen wie ein Paket. Er haßt die Sonne (außer im Wald, wo sie zerbröselt), und auf den Gedanken, ihr einen Kult darzubringen, wäre ein Emanglone niemals gekommen. Übrigens fühlt er sich im bösen Licht der Sonne beobachtet. Und es ist ihm zuwider, beobachtet zu werden.
Sie gehen gerne nachts aus, mit Trägern vielfarbiger Laternen, und verstreuen sich in den Wäldern, schweigend, aber das Schauspiel genießend, wie man es nicht für möglich hielte.
Die Geschicktesten klettern auf die Äste, um in verschiedenen Höhen Lichter aufzuhängen. Einige lassen sich in den Ästen nieder, wo sie eine intensive Verzükkung erfahren, und sie müssen manchmal nach Hause gebracht werden, leblos und völlig abwesend von sich selbst.

✧

Ein Geruch, ein komplexer Duft erfüllt die Behausung eines Emanglonen immer.
Ist er primitiv und vulgär, so wird der Duft durch den Rauch von Holz erzeugt, zusammen mit einigen getrockneten Gräsern, sehr dicht, und daran berauscht er sich.
Wie vulgär! Das Ziel ist ein anderes: durch kombinierte, kaum wahrnehmbare und kräftige Düfte Horizonte hervorzurufen, Reisen, ein Rinnsal klein wie ein Wurm, den Herbstwald, das jodhaltige und stürmische Meer, Häfen, wo Schiffe in scheinbarer Erstarrung warten.
Es ist die Kunst der Hausherrin, das zu erreichen. Und es gelingt ihr; in dieser Hinsicht ist der Ruf der Emanglonin beachtlich in Groß-Garabannien.

✧

Der Emanglone ist, wie man sich denken kann, nicht so veranlagt, daß er sich gerne stören läßt.
Über der Eingangstür seines Hauses ist in Stein oder Holz ein großer Menschenkopf eingraviert. Dieses Gesicht drückt eine Ruhe auf dem Weg zur Wut aus. An eine kurze Weste gebunden, hängen vor der Tür und bis zum Boden zwei Hosenbeine herab. Dank dieser Vorrichtung schiebt ein Besucher, der eintritt, die Beine der Hose auseinander.
Das ist anstößig!
So ist es dem Eigentümer schon gelungen, einen ins Un-

recht zu setzen, *bevor* man eingetreten ist. Er ist der Beleidigte, der sich rächen kann, wann es ihm gefällt.
Weshalb man sich gut überlegt und zögert, nicht unentbehrliche Besuche zu machen.
Wird man dagegen von einem sehr guten Freund eingeladen, so schiebt dieser persönlich für einen die Eingangshose auseinander. Eine äußerst taktvolle Ehrerbietung seitens des Eigentümers, als wenn er sagte: »*Ich* bin der Eindringling. Entschuldigen Sie meine Anwesenheit bei *Ihnen*.«
Nichtsdestoweniger ist es jedenfalls besser, nicht zu lange zu Besuch zu bleiben.

✧

Die Emanglonen dulden Junggesellen nicht. Keine zwei Wochen lassen sie einen allein. Nein, man muß sich sofort entschließen, eine Frau zu nehmen. »Denn«, sagen sie, »einem Junggesellen ist immer zu mißtrauen. Eines Tages tötet, vergewaltigt er ein Mädchen, dem das großen Schaden zufügt, will eine neue Religion stiften, wird übermäßig ehrenhaft und logisch, und es wird keinen Spaß mehr machen, mit ihm zusammen zu leben.« Die Nachbarn fühlen sich belästigt, genieren sich, mit ihren Frauen die natürlichsten Stellungen einzunehmen. Kurz, es wird unhaltbar. Also gehen sie zu dritt oder viert hinaus, lauern dem keuschen Mann auf und erschlagen ihn kaltblütig und vielleicht sogar haßerfüllt.
Denn in ihrer Männlichkeit getroffene Männer werden leicht von Raserei gepackt.

Sobald man diese gespannten und erregten Mienen, diese zur Unnachsichtigkeit neigenden Blicke sieht, überwacht man sie.
Daher wagen nur einige verstockte Verbrecher, von Enthaltsamkeit und Religion zu sprechen, aber immer heimlich und in Anspielungen. Wenn sie festgenommen werden, behaupten sie, sie seien schlecht verstanden worden, es sei niemals um Keuschheit gegangen, sondern im Gegenteil um eine riesige Orgie. Dann läßt man sie frei, »aber reden Sie trotzdem klarer«, sagt man ihnen, »solche Versehen könnten Sie teuer zu stehen kommen.«

✧

Bei den Emanglonen, zumindest im Fürstentum Aples, nimmt der Kranke (in chronischen Fällen, versteht sich) eine Sonderstellung ein. Er ist ein Schuldiger oder ein Idiot. Man versucht immer herauszubekommen, ob es das eine oder das andere ist. Denn sie sind der Ansicht, daß ein intelligenter Mensch, wenn er nach der Intuition handelt, die er von sich hat, nicht krank werden kann.
Dennoch sind Kranke nicht schlecht angesehen, außer sie husten. Ihrer Meinung nach sinkt man als Kranker auf seinen wahren Grund zurück, während die Gesundheit eher der Meeresoberfläche gleicht, der Platz ist dort besser, aber die Unruhe größer.
Da die Kranken in dem Ruf stehen, gute Ratgeber zu sein, sind alle Minister Kranke, ja von ihrer Krankheit Zermürbte. In ihrem Dienst stehen ergebene Beauftragte, die sie hierhin und dorthin schicken

und nach deren Bericht sie Anordnungen treffen und regieren.
Einige bestimmen über Schiffe und Angelegenheiten des Meeres, ohne daß sie sich je bis dahin haben befördern können, auch wenn man sie gern befördert, sofern sie nicht fiebrig sind. Aber in diesem Fall sind sie selten Minister, höchstens Berater, doch äußerst wichtige, für ernste Situationen, und selbst ein schwerkranker Minister wagte nicht, auf sie zu verzichten. »Von Kranken kommt Weisheit, von Fiebrigen Licht«, ein Aphorismus, dem sie sich unbedingt unterwerfen müssen.

✧

Die Emanglonen der Halbinsel Avord haben erheblichen Ärger wegen ihrer Häuser. Sie zeigen es nicht, denn sie sind sehr stolz. Aber sie leben in der Unruhe, daß ihr Haus über ihnen zusammenfällt. Sie fahren sich ständig mit der Hand durchs Haar, als wäre es schon voll von Schutt und wurmstichigen Dachteilen.
Es ist ein Wurm, der am Holz ihrer Häuser nagt und vom Nebel herangetragen wird.
Sobald die Bresche da ist (haben sie auch deshalb solche Angst vor Fenstern?), wird ein ganzes Haus in einigen Tagen vertilgt.
Eine neblige Nacht genügt zur Invasion.

✧

Es beginnt damit, daß sich unter der Zunge und an der Spitze kleine schwarze Punkte zeigen, die so hart werden, daß der Mensch damit Fleisch zerreißen kann. Aber dazu hat er kaum Lust, da ihm nicht daran liegt, die Aufmerksamkeit auf sich zu lenken. Und seine Nägel fallen aus. Zuerst schwarze Punkte unter den Nägeln, dann fallen die Nägel aus. Und die Haare fallen aus, die schwarzen Punkte waren darunter schon völlig ausgebildet, er spürte sie genau, denn er hatte das Gefühl, mit dem Kopf in einer Kasserolle zu ruhen, aber sagte nichts, eine zähe Hoffnung, die man lange bewahrt. Dennoch schreitet diese unerbittliche Krankheit fort. Die Füße, die Knie, die Beine, die Arme, der Unterleib, die Stirn, der ganze Mensch ist umklammert. Nur der Rücken bleibt unversehrt. Es gibt eine Phase des Stillstands von acht bis zehn Tagen. Dann laufen die Punkte zum Hals hin zusammen, der jedoch unversehrt bleibt. Aber die Haut des Kranken schwitzt nicht mehr, atmet nicht mehr, er erstickt langsam, ohne daß sich auch nur ein Organ beschwert hätte oder angegriffen schiene. Der Kranke stirbt sanft mit einem charakteristischen Ausdruck, der schon genügen würde, die Todesursache erkennen zu lassen, abgesehen von sehr zahlreichen schwarzen Punkten, einem regelrechten Panzer. Der Kranke hat einen beinahe verzückten Ausdruck des Staunens, als wollte er sagen: »Nicht zu fassen! Nicht möglich!«

Bei dieser Krankheit greift man weder ein, um ihre

Entwicklung zu verzögern, noch um ihr durch Erdrosseln des Kranken ein Ende zu bereiten. Nein! Niemals! Sie gilt sogar als das typische Ende des Emanglonen.

✧

Die Ekarassinen

Die drallen Ekarassinen sind die Lieblingsspeise der Emanglonen. Doch kommt dieses Tier nur bei den Birqs und den Üden vor, die sich überhaupt nichts daraus machen, da es wenig Geschmack und wenig mageres Fleisch hat.

Aber weil sie Stoffe dafür eintauschen wollen (jene schweren und reichgefärbten Stoffe, wie allein die Emanglonen sie herstellen können), geben sie sich große Mühe, das seltene, unscheinbare und mißtrauische Tier zu jagen und lebend zu fangen, das Sümpfe und schlammige Gewässer bewohnt – obwohl im klaren Wasser ein guter Schwimmer –, wo es genauso gewandt ist wie der Otter, mit dem es große Ähnlichkeit aufweist. Seine äußere Erscheinung also: ungefähr wie der Otter, doch mit eher gedrungenem Körper und drei Lidern über den Augen. Seine Nahrung: Frösche, Kröten, Aale und Eier aller Art, von Hühnern, Schlangen, Schildkröten. Es ist ein Nachttier.

In einem guten Sumpf ist die Ekarassine mit zwei Jahren drall. Die Emanglonen kochen sie in einem großen Bottich mit schlammigem, aber gewürztem Wasser.

Das Kochen dauert einen ganzen Vormittag. Das Tier klagt nicht länger als eine halbe Stunde in der steigenden Hitze, dann ist es nicht mehr und hinterläßt im Bottich lediglich seinen schmackhaften Körper.

✧

Ohne ersichtliche Gründe fängt ein Emanglone plötzlich zu weinen an, entweder weil er ein Blatt zittern, einen leichten Gegenstand oder eine Staubflocke fallen oder in seinem Gedächtnis ein Blatt fallen sieht, was andere Erinnerungen streift, unterschiedliche, ferne, oder aber weil ihn sein Menschenschicksal, wenn es ihm erscheint, leiden macht.
Niemand verlangt Erklärungen. Man versteht, und aus Mitgefühl wendet man sich von ihm ab, damit er sich nicht gestört fühlt.
Aber von einer Art kollektiver Entkristallisierung ergriffen, fangen oft ganze Gruppen von Emanglonen, wenn sich die Sache in einem Café abspielt, still zu weinen an, Tränen verschleiern die Blicke, Raum und Tische entschwinden ihren Augen. Die Gespräche bleiben unterbrochen, ohne daß irgend jemand sie zu Ende führt. So etwas wie ein inneres Auftauen, von Schaudern begleitet, erfaßt sie alle. Aber friedlich. Denn was sie fühlen, ist ein allgemeines Zerbröckeln der Welt ohne Grenzen, und nicht bloß ihrer Person oder ihrer Vergangenheit, und wogegen sich nichts, gar nichts machen läßt. Man taucht ein, es ist gut, daß man manchmal so in den Großen Strom eintaucht, den weiten und trostlosen Strom.

So sind die Emanglonen, ohne Fühler, aber mit schwankendem Grund.
Dann, wenn die Sache vorbei ist, nehmen sie, wenn auch lasch, ihre Unterhaltungen wieder auf, und ohne je irgend anzuspielen auf die erlittene Überwältigung.

✧

Ihre Musik ist diskret; die Musiker noch mehr. Sie lassen sich in dem Moment, da sie spielen, nicht sehen.
Eines Tages wäre einer von ihnen, der im Salon spielte, bei der Vorstellung, daß ich ihn beobachtete, vor Scham fast erstickt; dabei hatte ich ihn nicht einmal gehört, so leise spielte er.
Ihre Musik aus sterbenden Tönen scheint immer durch eine Matratze zu kommen. So lieben sie es: zarte Luftzüge, die von irgendwoher kommen, in jedem Augenblick verwischt, zitternde und unbestimmte Melodien, die sich aber in weiten, harmonischen Flächen vollenden, großen, plötzlich ausgebreiteten Tüchern.
Mehr noch lieben sie den Eindruck, daß die Musik wandert (als ob die Musiker einen Berg umkreisten oder einer gewundenen Gasse folgten), wandert und je nach Wind und Echo zu ihnen dringt.

✧

Im Theater offenbart sich ihre Vorliebe für das Ferne.
Der Saal ist lang, die Bühne tief.
Die Bilder, die Formen der Figuren erscheinen dank

einem Spiegeleffekt (die Akteure spielen in einem anderen Saal) noch wirklicher, als wenn sie anwesend wären, konzentrierter, reiner, endgültiger, losgelöster von jener Aura, die die wirkliche Gegenwart von Angesicht zu Angesicht vermittelt.
Worte, die von der Decke kommen, werden in ihrem Namen ausgesprochen.
Der Eindruck von Fatalität, ohne eine Spur von Pathos, ist außergewöhnlich.

✧

Sie mögen keine Fenster und ziehen es vor, klar zu sehen, sich zu Hause zu fühlen, aber da sie sehr höflich sind und sich nicht anders benehmen wollen als in den Ländern, wo man welche benutzt, und außerdem, weil es nackt, trostlos und feindselig wirkte, Aufmerksamkeit und Unwillen erregte, während sie doch nichts als Frieden und Sanftmut sind, haben sie Häuser mit Fenstern, sogar mit vielen Fenstern, aber lauter falschen, und nicht eines könnte man aufmachen, selbst wenn es darum ginge, vor einem Brand zu fliehen; doch so täuschend ähnlich, mit Schatten und Spiegelungen, daß es Spaß macht, sie anzusehen, obwohl man genau weiß, daß sie falsch sind, besonders dann, wenn Tageszeit und Stärke der Sonne ungefähr die Bedingungen zur Sinnestäuschung vereinigen.
Manche sind sogar einen Spalt offen, ständig, Nacht und Tag, und an den kältesten Tagen, bei Nebel, Regen, Schneetreiben, lassen aber trotzdem nichts herein

noch hinaus, schmerzlich der oberflächlichen Mildtätigkeit der Reichen ähnlich.
Ein richtiges Fenster, das eines Tages durchaus geöffnet werden könnte, macht sie krank; das ist für sie, als ob man schon über den Sims kletterte, man möge nur einsteigen, und die Reihe der Eindringlinge, die man nicht zurückdrängen kann, wird vor ihren Augen immer länger.
Da viele friedliche Leute, wenn man sie angreift, gehässig und böse werden, muß man vermeiden, mit ihnen von Fenstern zu sprechen, und darf niemals einen zu sich einladen, wenn man eins hat, selbst wenn es verschlossen, verrammelt, unbenutzbar oder in einer Abstellkammer wäre. Niemals würde er es einem verzeihen.

✧

Eines ihrer Spiele ist besonders heikel. Es geht darum, einen erbsengroßen Stein in die Luft zu werfen und ihn auf der Spitze von Nadeln hochspringen zu lassen, die in etwa 30 Zentimeter Abstand auf ein Brett gesteckt sind. Die Spitzen sind derartig fein, wenn auch nicht wie bei Stahlnadeln, daß man sich nur schwer vorstellen kann, eine von ihnen könnte der kleinen Kugel so viel Widerstand bieten, daß sie eher in eine bestimmte Richtung abprallt als in hundert andere. Im ersten Jahr, das ich bei den Emanglonen verbrachte, wollte es mir nicht gelingen, die Kugel zweimal hintereinander hochspringen zu lassen. Ich hielt das sogar für unmöglich. Aber eines Tages schaffte ein Mann vor meinen Augen sieben Nadeln. Er behauptete, an einem Tag

bis neun gekommen zu sein. Dieses Mal jedenfalls schien seine Kugel auf der Spitze der siebten Nadel zu zögern, aber erschöpft ließ sie sich, ohne hochzuspringen, abgleiten und fiel auf das Brett herunter.
Anfangs laden die Emanglonen einen zum Spielen ein, aber höflicherweise, um einen nicht zu demütigen, spielen sie selbst nicht mit, so daß man schließlich glaubt, all das sei nur ein Scherz. Aber nein, sie schämen sich für einen, sie verstehen diese Ungeschicklichkeit nicht; sie verlieren das Vertrauen, wenn sie einen so sehen . . .

✧

Da es den Emanglonen widerstrebt, sich in den Vordergrund zu stellen, zu gestikulieren und lange Reden zu halten, tagen und reden ihre Führer nur hinter der Statue (aus leichtem Holz und transportierbar) eines ihrer großen Männer der Vergangenheit, deren Grundsätze sie zu vertreten behaupten.
Wenn ich ihre Redekunst recht verstanden habe, kommt es darauf an, seine Statue im richtigen Moment zu plazieren, unerwartet, dramatisch, oder sie Stück für Stück unbemerkt vorzuschieben, bis zu dem Moment, in dem sie entdeckt wird. Man muß sich darauf verstehen, sie brutal vor den anderen hinzupflanzen, sie sich in schockierender Weise vor einem anderen großen Mann, den man verachtet, brillant drehen und unverschämt hin- und herwiegen zu lassen, schließlich mit Erhabenheit und Drohungen abzugehen, mit einem Wort: gekonnt. Das sind einige Züge der Redekunst der Emanglonen.

Gefährlich ist es, seine Statue allein zu lassen, denn obwohl niemand das Recht hat, sie dann zu verrücken, können die anderen Statuen sie einkreisen, ihr jede Möglichkeit, sich zu manifestieren, nehmen und sie sogar einem Verräter zuweisen, sie ganz das Gegenteil ihres Programms sagen lassen, sie unter dem Hohngelächter der Menge als Urbild des Kompromisses hinstellen.
Deshalb erfordert diese Redekunst, die aus großer Trägheit entstanden zu sein scheint, in Wirklichkeit große Wachsamkeit und einen sehr feinen Sinn für den passenden Augenblick.
Die Stimme dient nur dazu, der Diskussion einige Anhaltspunkte zu geben. Die wahren Redner sprechen keine zwei Stunden im Jahr. Aber jedermann erinnert sich in pathetischen Momenten ihrer großen Wirkung durch die Statuen.
Das gefällt den Emanglonen.

✧

Ein Kranker, der keine chaotische Atmung hat, wird gepflegt, und ich habe Geheilte gesehen, die ich ziemlich heruntergekommen gefunden hatte.
Zuerst verabreichen sie ihm einen ungeheuren Stockhieb auf den Kopf, der ihn niederstreckt. (Ein Mensch muß außerhalb seiner Krankheit bleiben.) Darauf folgt die Behandlung. Es gibt in ihrer Heilkunde Tinkturen aus zahlreichen Pflanzen. Natürlich! Wie überall. Aber das zählt kaum.
Sie überlassen es vor allem einem Hund, ihn zu heilen.

Sobald es gelungen ist, einen Hund in das Zimmer des Kranken einzusperren, geht man glücklich auseinander. Der ist, wenn ich so sagen darf, in guten Händen. In einer einzigen Nacht erweist er sich manchmal als geheilt. Tatsache ist, diese Anwesenheit verschafft ihm eine wohltuende Erholung.
Wenn der Hund nicht bereit ist, auf dem Bett liegen zu bleiben: schlechtes Zeichen, ohne daß man die Hoffnung völlig aufgeben müßte. Es ist normal, daß zunächst die Krankheit triumphiert. Aber wenn in der zweiten und dritten Nacht das Tier versucht, herauszukommen, unter der Tür zu graben, ist es aus, der Kranke ist verloren: man kann ihm gleich den Mund schließen.
Falls der Hund nicht bellt und ruhig bleibt, ist der Kranke völlig außer Gefahr, auch wenn er nur noch ein Schatten seiner selbst wäre. *Nie ist ein Mensch neben einem schlafenden Hund gestorben*. Der Hund wacht immer rechtzeitig auf und heult. Das Heulen ist natürlich bezeichnend. Sobald man es gehört hat, kann man dem Kranken den Mund schließen. Das ist sogar eine Pflicht.
Man läßt schnell ein junges Mädchen rufen, und selbst nachts und bei Gewitter soll sie in ihren schönen Kleidern kommen und das Gesicht in den Farben der Gesundheit und des Glücks bemalt. An ihr ist es jetzt zu handeln. Die Ärzte verschließen ihre Fläschchen und gehen mit dem Hund hinaus.

✧

Wenn bei einer Feier, die ein Emanglone für jemanden bei sich zu Hause gibt, eine Fliege in das Zimmer gelangt, wo sie sich befinden, wird sich der Gast, und sei es der beste Freund, erheben und sofort zurückziehen, ohne ein Wort zu sagen, mit jenem gekränkten und geohrfeigten Ausdruck, der unnachahmlich ist. Der andere hat verstanden, selbst wenn er nichts gesehen hat. Nur eine Fliege hat eine solche Katastrophe verursachen können. Rasend vor Haß sucht er sie. Aber sein Freund ist schon weit weg.

Die Emanglonen können es nicht ertragen, mit einer Fliege in einem Zimmer zu leben. Ein solches Zusammenwohnen hat für sie etwas Ungeheuerliches. Sie fühlen sich tief beleidigt, aber vor allem herabgesetzt, niedergedrückt, und man hat schon erlebt, daß manche es kaum schafften, sich nach draußen zu schleppen.

Die größte Heimtücke besteht darin, bei jemandem, dem man Böses will, mit einer in der Tasche versteckten Fliege einzutreten, sie im Eßzimmer loszulassen und anschließend den Beleidigten zu spielen. Aber der andere überwacht einen, Vorsicht! Er überwacht die Taschen, den Kragen, die Ärmel, er ahnt sofort, daß bei diesem Besuch eine Fliege im Spiel ist. Deshalb muß man umsichtig vorgehen. Wie überall sonst muß man geschickt sein, und wenn sich eine Chance bietet, darf man nicht glauben, alles sei geschafft.

Es geschah bei der großen Rede Ornams, des Ministers, daß jemand eine Fliege im Saal losließ, um ihn aus der Fassung zu bringen und die Versammlung zu stören. Die Fliege hatte die Naivität, sich auf seine Nase zu setzen. Der große Mann, völlig kaltblütig, fing

sie ein, steckte sie in eine Schachtel und setzte seine Rede fort.
Er hatte dann die Kühnheit, die Fliege in einer Schachtel unter den Abgeordneten herumgehen zu lassen, damit ihr Besitzer sie zurücknehmen könnte.
Aber als wahre Emanglonen beugten sich alle gelassen darüber, einer nach dem anderen, ohne sich zu verraten.

✧

Der Emanglone ist der geborene Angler. Tausende von Emanglonen, ab fünf Uhr abends zu Anglern geworden, nehmen die beiden Ufer der wenigen Flüsse ihres Landes ein. Aber die Forellen ziehen seelenruhig vorüber. Wenige sind es, die sich vom Köder eines Emanglonen fangen lassen, wenige und fast immer von enttäuschender Jugend.
Dennoch leeren sich, außer bei einem Platzregen, die Ufer nicht von Anglern, und hinter jedem von ihnen versuchen zahlreiche Amateure zu lernen, wie man eine Forelle aus ihrem natürlichen Element ziehen muß. Die beiden Ufer sind mit Gelassenheit bevölkert. Die langen und langsamen Abende verstreichen fast religiös.
Manchmal wird unter den Blicken einiger ein Fisch gefangen, dann füllen sich die Ufer mit leisem Geflüster, mit Euphorie und mit fast ersticktem Lachen, wodurch sich vielleicht in einem Anflug von Prahlerei der Sieg des Emanglonen über die Forelle ausdrückt.
Und der Mond erhellt das Angeln, das weitergeht.
Die Nächte Emangliens – habe ich es nicht schon ge-

sagt? – sind immer hell, mild und einladend. Man weiß nie, ob es wirklich Zeit zum Schlafengehen ist. Man bleibt an der Böschung, da man nicht glauben kann, daß der Fisch in so hellen Nächten schläft. Tatsächlich wacht von Zeit zu Zeit einer auf, überrascht von so viel rings umherstreifendem Leben, und mit einem einzigen Schwanzschlag kommt er geräuschvoll an die Oberfläche, um drei oder vier Blasen kalter Luft zu schlucken. Und die zähe Hoffnung der Emanglonen, eine Forelle zu fangen, erfaßt sie für ein weiteres Stück Nacht.
Nicht enden wollende Nächte! Ein silbernes und von seiner Quelle gleichsam losgelöstes Licht scheint die Hänge herabzukommen, fließend, unermeßlich, väterlich, zum Fluß und zu den Anglern hin. Die Strömung, ihrerseits weiblich, besänftigt die Männer und entrückt sie sich selbst. Endlich, gegen ein Uhr morgens, breitet sich richtige Dunkelheit aus. In wenigen Minuten ist niemand mehr da. Jeder ist nach Hause gegangen.

✧

Manchmal sieht man einen Emanglonen auf der Schwelle seiner Tür niesen. Einmal, zweimal, dreimal, hundertmal, einen ganzen Tag lang. Das ist sein Recht. Gewiß. Gewiß . . .
Es wäre weniger sein Recht, im Innern seines Hauses zu bleiben – zumindest wenn er jemand ist, der ganze Stunden und Wochen niest, was bei ihnen vorkommt, (denn sie sind für hysterisches Niesen anfällig). Nein, man ertrüge es nicht. Das hieße den Nerven der Emanglonen zuviel abverlangen.

Das muß ein Nieser verstehen. Sofern er darauf beharrt zu bleiben, muß er sich über die Risiken seines Starrsinns im klaren sein. Wenn ein Verwandter, eine Schwester, ein Freund des Hauses, um der Qual ein Ende zu bereiten, die die ganze Familie durch sein Verschulden aushalten muß, ihm mit dem Hammer den Schädel einschlägt, wird kein Gericht die Person verurteilen, die sich dafür hergegeben hat. Das war unvermeidlich. Sie hat den Hammer genommen, wie es der Richter selbst getan hätte. Niemand kann sie verurteilen.
Die Emanglonen entledigen sich mühelos auch schwerhöriger Personen, die einen zwingen, laut zu sprechen, eine unerträgliche Belästigung.

✧

Die größte Beleidigung hat immer darin bestanden, »die Ruhe zu stören«.
Im Krieg, wenn sie schon Krieg führen, versuchen sie, sperrige Blasebalginstrumente in das feindliche Land zu tragen, die einen ungeheuren Lärm machen, wie das Innere eines Planeten, der aufbrüllt, eine riesige Menge Lärm, so unangenehm, daß die Gegner, des Getöses müde, Parlamentäre schicken mit dem Ersuchen um Ruhe.
Und es herrscht wieder Friede.
Sie setzen auch ausgeklügelte Geräusche ein, die Angst hervorrufen, andere, die die Kampfeslust nehmen.

✧

Die Emanglonen haben eine ziemlich unerwartete Vorliebe für kleine Tänzerinnen aus Holz oder Wachs.
Überall haben sie eine Menge davon. Doch sind diese Tänzerinnen nicht den Frauen des Landes nachgebildet. Niemals hatten Emangloninnen Kleider wie sie, noch dieses Auftreten oder diese Bewegungen.
Ihr Tanz ist leicht und beinahe lüstern.
Sie allein haben das Recht auf Schamlosigkeit. Ihre Körperhaltungen sind unterschiedlich, obwohl von unbestreitbarer Ähnlichkeit.
Es ist wirklich sonderbar, daß im Geist der Emanglonen eine so lebhafte Vorstellung von der Frau überdauert hat, obwohl sie vollkommen verschieden ist von den Emangloninnen jeglichen Alters, jung oder alt.

✧

Ein Ort, an dem der Emanglone gern sein Haus baut, ist die Vertiefung, sei es ein großes Tal, wo einige hundert Häuser zusammen stehen können, sei es ein ganz kleines Tal, wo nur etwa zwanzig Hütten Platz haben, sei es eine Spalte (wenn sie nicht zu feucht ist), wo sich nur drei oder vier bescheidene Familien niederlassen können.
Dennoch, so sehr auch das Haus von allen Seiten umgeben und eingeschlossen sein mag, der Emanglone empfände es immer noch als verlassen wie ein Fahrzeug auf der Straße, wenn er es nicht mit einem Wall aus Mörtel-Erde umgeben würde (eine Art Zement, der sich, mit Essigwasser vermischt, schnell formen läßt).

Das Ganze bildet so etwas wie einen Hut, dessen Krempe stark nach oben gebogen ist.
Und wehe den Neuankömmlingen, die versuchen, sich in der Nachbarschaft anzusiedeln!
Sie verpesten einem die Luft mit modrigen Gerüchen, spritzen einem ihr Gegurgeltes in den Nacken, suchen Streit mit einem wegen einer Murmel, die sie im Gras verloren haben, kurz, sie machen einem das Leben verhaßt, und man geht wieder, wie es ihr Wunsch war.

✧

In Emanglien gibt es auch viele Seen. Ohne die Seen könnte man die Emanglonen nicht begreifen.
Sie schmiegen sich ans Wasser mit Riemen unter dem Bauch, die an zwei Planken befestigt sind, und verharren so regungslos, stundenlang.
Wenn ein Sturm aufkommt und die nacheinander anrollenden Wellen sie herumstoßen und am Atmen hindern, geben sie nach, ohne Schreie, ohne Rufe, lösen ihre Halterungen und lassen sich auf den Grund sinken. Sie kämpfen nicht, auch wenn sie es könnten.
Ein Emanglone, der triefend, von Anstrengung und Fieber geschüttelt nach Hause käme, hätte Angst, sich lächerlich zu machen.

✧

Jedes Volk umfaßt eine Vielzahl von »Temperamenten«. Nicht alle sind gleich gut angesehen.
Wer hier den Ehrgeiz auf die Spitze treibt, ist besonders gefürchtet. Mehr gehaßt als gefürchtet.

Man wird ihm die Spitze abbrechen.
Eine Überwachung, die weit gehen muß. Denn man hat schon Achtzigjährige gesehen, bei denen sich plötzlich, aber ein seit fünfzig Jahren vorbereitetes Plötzlich, die Spitze zeigte. Man mußte bereit sein, sie ihnen abzubrechen, den kleinen Alten, die sie so hartnäckig vorbereitet hatten.

✧

Wenn ein Verbrecher verurteilt wird, steckt man ihn ins Gefängnis (ein einziges kleines, vor achtzig Jahren erbautes Gefängnis). Man interessiert sich nicht mehr für ihn, man vergißt seinen Namen. Und wenn dreimal so viele Gefangene da sind, wie man unterbringen kann: »Egal, sollen sie doch sehen, wie sie zurechtkommen, da sie ja meinten, es ginge ohne uns.«
Das gilt für Verbrecher, Mörder, Brandstifter.
Aber Diebe werden gesondert behandelt in einem geräumigen Gebäude, wo sie dem wilden Haß der anständigen Emanglonen ausgesetzt sind. Man läßt nicht zu, daß sie sich untereinander gegenseitig umbringen wie die anderen Gefangenen. O nein! Zuerst müssen sie verrückt werden. Tag und Nacht Folter, begonnen, unterbrochen, wiederaufgenommen, bis sie verrückt werden. »Da er schlauer sein wollte als wir, soll er nur sehen, wie einfach wir ihm seinen hinterlistigen Geist erweichen, bis er mürber und ungeschickter ist als der eines schwachsinnigen Säuglings.«
Ist der Dieb verrückt geworden, so ist der Gerechtigkeit Genüge getan oder fast, und es kommt vor, daß man ihn entläßt.

✧

Obwohl die Emanglonen gedämpftes Licht sehr mögen, fühlen sie sich abends unbehaglich, sogar in den Städten.
Jene fahlen Placken, die am Ende des Tages an einem Baum, einem Haus, einer Wolke auftauchen, faszinieren sie.
Auf dem Land wird die Dämmerung überhaupt gefürchtet. Das Grau, das Zwielicht erfüllt sie mit Unruhe. Sie schlagen die Trommel und lassen das Pulver sprechen und beruhigen sich erst bei Einbruch der Nacht.
Auch tagsüber bleiben sie zuversichtlich, doch der Abend, jeder Abend beunruhigt sie und schnürt ihnen die Kehle zu.

✧

Die Emanglonen benutzen als Lasttier das Resel. Es hat etwas vom Esel, aber eine jahrhundertelange Müdigkeit scheint es niederzudrücken. Es ist der verschlafenste Vierbeiner, den ich je gesehen habe. Für einen Moment allein gelassen, schläft es sofort ein.
Wenn es, eine Holzlast ziehend, an einen Stein stößt, fällt es mitten im Trott um: es schlief.
Und obwohl es keine besonders schönen Formen hat, kann man es wegen seiner blassen und ängstlichen Augen nicht ansehen, ohne ergriffen zu sein und in tiefes Nachsinnen zu geraten. Sein Fell ist weich, bis auf einige Borsten hier und da. Wenn es nicht von einem sehr tatkräftigen Mann aufs Feld geführt wird, werden

keine zehn Meter gepflügt, so sehr versteht es, durch seinen ernsten und friedlichen Ausdruck und seinen Hang zur Reglosigkeit den guten Willen zu bremsen.
Es erfüllt die Nacht mit leisem Gewimmer, das sich in erstaunlicher Weise mit der Nacht vermischt und sie verdichtet.
Das Resel ist so träge, daß man es an Orten, wo es viele Ratten gibt, nicht gebrauchen kann, denn nachdem es einige verjagt hat, wird es müde, sie zu vertreiben, schläft ein und wird, halb besinnungslos, von diesen wilden kleinen Tieren aufgefressen, die die Schwäche anderer auszunutzen verstehen.
Natürlich leidet es, das arme Tier, aber angesichts all der Arbeit, sich eine Nacht lang so vieler Feinde erwehren zu müssen, zögert es und legt sich wieder hin, mit offenem Bauch, leise zu seinen Göttern, den unbedachten Menschen, wimmernd, die es mit so flinken und bösartigen Tieren im Dunkeln allein gelassen haben.

✧

Man findet bei ihnen auch einen kleinen, sehr leicht fröstelnden Vogel, freilich ist er nicht wirklich zahm, der außer bei praller Mittagssonne nicht im Freien bleiben kann.
Dieser Vogel, nicht viel größer als ein Spatz, hält sich im Patio und in den Korridoren auf.
Er schwatzt nicht und piept auch nicht wie die meisten Vögel seiner Größe. Er pfeift, er bewegt oft den Kopf, dann stößt er seinen Lockruf aus, als warte er auf jemanden. Aber es kommt niemand. Und er fängt an zu

nörgeln, aus voller Kehle »Kra!Kra!« zu machen, als wollte er spucken.
Er tummelt sich in den Korridoren, kommt aber nie in die Wohnungen. Er nistet in großen Champagnerkelchen, die er aus Adlerfedern baut, um, so sagt man, die Nagetiere fernzuhalten, denen alles, was vom Adler stammt, nicht behagt.

✧

Sie erhängen sich, wenn es bei ihnen dazu kommt, daß sie im Leben nicht weiter gehen wollen, sie erhängen sich, doch nie mit einem Seil, da Seile zum Messen vorgesehen sind. Jedes andere Material ist ihnen recht – Stoff, Weidenruten oder Riemen, sie erhängen sich ohne Umstände, wegen eines »Ja«, wegen eines »Nein«, sobald sie an einen bestimmten Punkt gekommen sind.
Sie haben sogar in jeder Stadt ein Haus voll mit Riemen. Wer will, verlangt einen. Niemand schreitet ein. Hat er den richtigen Riemen gefunden und die gewünschte Ruhe (denn es kommt nie jemand dorthin, der nicht dieselbe Absicht hat wie er), befestigt er ihn an einem schon vorbereiteten Haken – und hopp...

✧

Wenn Fremde kommen, pfercht man sie in Lager am äußersten Rand ihres Territoriums. Ins Landesinnere werden sie nur allmählich und nach mancherlei Prüfungen gelassen.
Selbst wenn einer der Ihren mehr als zwei Jahre weg-

geblieben ist, lassen ihn die Emanglonen nicht sofort heimkehren, sondern stecken ihn in Lager auf dem flachen Land oder zu Kindern. »Damit zuerst sein Sinn für unsere Landschaft wieder erwache«, sagen sie, »für unsere Wolken, für die Luft der Heimat, für den Anblick des Gesichts unserer Kinder.«
Der Emanglone, der aus der Fremde zurückkehrt, muß also geduldig und bescheiden werden, wenn ihm daran liegt, seine Frau und sein Heim wiederzusehen.
Ach! Man hat bereits die Fensterläden vor ihm geschlossen. Die Emanglonen ziehen sich so schnell zusammen. Hat sich das Gerinnsel erst gebildet, steigt das Blut nicht mehr in die Vene.
Und wenn er einen Boten zu seiner Frau schickt, totales Vergessen: »Wer? Was? Was will er denn noch, dieser ewig Unzufriedene?«

Der Uglab

Der Uglab, der bei den Emanglonen als Zugtier verwendet wird, sieht noch elender aus als das afrikanische Gnu.
Außer seinen Hörnern und seinen Zähnen ist alles an ihm verlaust (kleine Babyzähne, ein Hohn auf die Kraft).
Aber sein dreckiger hoher Kopf ist mit Sicherheit widerstandsfähig. Man läßt den Blick an seiner rauhen Strohmattenoberfläche hinaufwandern, und in dem Augenblick, wo man schon die Hoffnung verliert, auf

eine Spur von Leben zu stoßen, stößt man auf das Auge im Schatten eines Polichinelleohrs.
Es ist ein blödes Auge, das nichts gibt, das nichts empfängt. Und wenn man das andere Auge betrachtet, unnötiger Vergleich, es ist genau die Nummer zwei desselben Paars.
Was braucht er uns? Er ist ein Pflanzenfresser, und wenn er sein plumpes Wesen über das Brachland beugt, freut er sich, ruhig, lymphatisch, ganz dieser Erde anzugehören, wo er, und nicht umsonst, seine Zunge auf der Suche nach Gras ausschickt, und nicht wie so viele Lebewesen zu sein, die überall fremd sind und nicht wissen, was sie wollen.

✧

Kurz, die Emanglonen sind Joffen. Wenn sie unter sich sind, geht es. Aber im Kreis anderer springt ins Auge, was ihnen alles fehlt, und es fehlt ihnen enorm viel.
Man sinnt also darüber nach, wie ungewöhnlich es ist, daß sie sich, wie sie es in einzigartiger Weise getan haben, den Zivilisationen oder, wenn man so will, dem Einfluß der anderen Völker widersetzen konnten.
Denn wie so viele schwache Naturen sind sie gerade durch ihre Kraftlosigkeit eher dazu genötigt, ihren kleinen Gewohnheiten und Manien treu zu bleiben.

DER STAMM DER ARAVISEN

Wenn ein Aravise auf Reisen geht, grüßen ihn die Leute, die ihn gut kennen, die Regel will, daß man ihn grüßt. Bei anderen Gelegenheiten ist man nicht verpflichtet, ihn zu grüßen.
Da sie aber sehr stolz sind, ist es ihnen selbst in diesem Fall äußerst unangenehm, und viele zahlen lieber das Bußgeld.
Andererseits sind manche Väter und Mütter derart verbittert, daß sie, nur um ihren Kindern einen Gruß abzuringen, sehr häufig verreisen (sie sind alle sehr zurückhaltend in diesem Land und vergewissern sich auf diese Weise oder hoffen sich zu vergewissern, ob ihr Sohn sie tatsächlich haßt).
Aber selbst dann gibt es keine Sicherheit, denn obwohl sie im Kindesalter sehr brave Söhne waren, sind einige von ihnen, auch wenn sie keine ausgesprochen feindseligen Gefühle entwickeln, derart stolz, stolz ... und überhaupt derart verschlossen.
Bei den Aravisen würde man es als beschämende Schwäche ansehen, wenn ein zwölfjähriger Sohn noch etwas mit seinem Vater zu tun haben wollte.
Auch den Krieg finden sie nicht besonders ersprieß-

lich, sowenig wie gerichtliche Verfolgungen. »Wer hinter einem Feind herläuft, verliert die Haltung«, ist ihre Maxime dazu.

Und sie sind weniger geschwätzig als viele Tiere.

DIE OMOBULEN

Die Omobulen leben im Schatten der Emanglonen. Sie würden nicht einen Schritt tun, ohne sie um Rat zu fragen. Sie imitieren sie in allem, und wenn sie sie nicht imitieren, imitieren sie die Orbusen. Aber obwohl die Orbusen selbst mit den Emanglonen verbündet, verwandt und ihnen tributpflichtig sind, zittern die Omobulen, daß die Emanglonen ungehalten sein könnten, wenn sie die Orbusen nachahmen. Aber die Gefühle der Emanglonen bleiben unergründlich, und die Omobulen fühlen sich nicht wohl dabei, mal nach den Orbusen und mal nach den Emanglonen zu schielen.

Auf dem Platz Orpdorp

Einige fette Omobulen plaudern über Wasser und Klima. Eine Omobulin atmet in einem Wagen die berauschenden Dämpfe einer Räucherpfanne ein. Das Pferd ist träge, das Kissen ist wichtig.

Hüte mit Quasten, Kleider mit Quasten, Sonnenschirme mit Quasten. Müßiggänger und Müßiggängerinnen machen sich breit.

Feines Naschwerk, von überall her mitgebracht.
Man kostet, man kaut, man sabbert.
Man schluckt und blickt sich dabei in das Weiße der Augen. Man gurgelt lange, man spuckt aus.
Matratzen, Sofas, Sessel unter den Bäumen.
Wasser.
Kleiner Tümpel, viele Frösche.
Der Hauch einer Brise, die nach Sonnenuntergang aufzukommen pflegt, wird geduldig erwartet.
Es ist Mittag.

DIE EPALUSEN

Die Epalusen sind schüchtern, sentenziös und ausgezeichnet beim Fischfang, bei dem sie von einer Geduld sind, die kein Ende hat. Auch gute Ackerbauern. Selbst die Männer nähen und sticken, und sogar mit großer Sorgfalt. Ihre Frauen gelten als sehr faul. »Wir sind nur besonnen«, entgegnen sie. Ich vermag das nicht zu beurteilen, da ich nur eine gesehen habe, und die schlief. Es war elf Uhr morgens. Aber so etwas kommt vor. Sie trug einen Zopf, einen breiten und festen Zopf, vielfältig schimmernd. Dieser Zopf, der neben ihr lag wie ein gezähmtes und bescheidenes kleines Wesen, hatte, ich werde ihn immer sehen, ein seltsames und gleichsam denkendes Licht. Der Epaluse, ihr Mann, der meine versonnene Miene mißverstand, warf mir einen verständnisheischenden Blick zu, einen mutlosen Blick, als wollte er sagen: »Sie sehen.«
Ich sah nur den Zopf; die Frau daneben, nicht weniger ruhig, schien nicht zu atmen.

DIE ORBUSEN

Schwammiger und spektakulärer als die Emanglonen.
Langsam von Natur und aus Berechnung, von zeremoniöser und vaselineartiger Langsamkeit, mit sicherem, überlegtem, verhaltenem, bewußtem Schritt, sich mühsam umdrehend, als ob sie der Bug eines Schiffes wären, das sie hinter sich herziehen, Mitte und Heck; wenn man sich unbedingt umdrehen muß, dann vorsichtig auf der Stelle oder lieber noch in einem weiten Kreisbogen; mit Ideen, die lange reifen und vorzugsweise nachts (plötzlich eine Entscheidung von ihnen verlangen heißt sie zwingen, in lebendes Fleisch zu schneiden. Das verzeihen sie einem niemals), schlechte Esser, aber gute Kauer, bei winzigen Mahlzeiten kein Ende findend, Vegetarier, außer daß sie zu ihrem Maniok, ihren Süßkartoffeln und ihrem Bananenteig eine Zunge oder einen Löffel Hirn nehmen.
Die jungen mit jenen großen, träumerischen, allzu menschlichen Augen, wie sie Orang-Utan-Babies in einem Käfig besitzen.
Die erwachsenen mit blödem Glupschauge oder, bei den nachdenklicheren, mit verschwommenen Augen.

Ein verhangener Blick ohne Zusammenhalt, den man nicht fassen kann, der sich durch Allgegenwart schützt, von dem ein Zweig, wenn man vor ihm steht, auf die Stirn trifft, ein anderer in ihm bleibt, ein dritter auf die Vergangenheit von einem selbst hinkriecht, ein vierter einem selbst und ihm gemeinsam ist, während ein fünfter als kleine Insel in ihm bleibt, um sich zu fragen, was das alles bedeutet.

Wenn man sie kennenlernt, ergreifen sie die Hand von einem, wägen sie ab, schätzen sie, prüfen sie, befühlen sie endlos, lassen sie an irgend etwas kleben, von dem man sich so schnell wie möglich zu befreien sehnt, obwohl sie in diesem Moment vielleicht zerstreut und damit beschäftigt sind, einige folgenlose alte Äußerungen wiederzukäuen, die ihnen gegenüber vor vierzehn Tagen gemacht wurden.

Zum Horten geneigt, aus dem Gefühl der Anhäufung des Vergangenen, in einem Land, das sich kaum dazu anbietet, ohne Reichtümer außer Vogelfedern, von denen ihre Speicher voll sind.

Pfeifenraucher (eine Pfeife pro Tag, nicht mehr als zweimal wiederanzuzünden), einen zum Sprechen herausfordernd, aber selbst nur »oh« oder »ah« in ihre Pfeife sagend, doch fähig, einem sehr merkwürdig zehn Tage später zu antworten, wenn sich der Nebel in ihrem Gehirn aufgelöst hat.

Im übrigen immer in der Vergangenheit, darüber urteilend, ob jemand zum Beispiel gestohlen hat, nur indem sie in der Erinnerung seine Vergangenheit durchforsten, sich darin versenkend, dem Diebstahl oder dem Mord selbst nur die Bedeutung eines Symptoms

zuschreibend, immer mit dem Hintergrund des Gemäldes beschäftigt.
Philosophen mit einer nostalgischen Vorliebe für die Weisheit und für das, was diesseits des Lebens liegt, in dem Glauben, daß der Mensch kein Sein, sondern ein Streben nach dem Sein ist, ständig aufrechterhalten durch die Provokation der Außenwelt, in einem unendlichen und ungeheuerlichen Maße jenseits seiner wirklichen Größe, die winzig ist und an die man sich halten sollte. »Etwas so Kleines in sich aufheben«, sagt der große Ravaj, »daß man es selbst nach seinem Tod noch hält.«
Die Orbusinnen, dick mit milchigem Gesicht, starker, aber wunderbar gerundeter Unterlippe, sahnigem Körper, reich an Vergnügungen, von denen man sich nicht mehr lösen kann, mit kleinen Füßen, die voller sinnlicher Erregung sind und die sie bei jeder Gelegenheit zeigen; sie finden Gott weiß genug davon, lassen sie sich bei Besuchen, ständig redend, von einer Dienerin waschen, mit Milch, die man sofort bringen läßt, oder auf einem öffentlichen Platz, bei einem Spaziergang, und das vor dem Auge der Neugierigen, jedoch auf eine Art, die die Wollust zeigt, die sie damit verbinden, oder lassen sie sich privat von ihren Geliebten waschen, unter Küssen und Liebkosungen.
Die reichen, träge promenierend, ihre Dienerinnen hinter sich, mit einer ganzen Auswahl verschiedenfarbiger Capes, von denen sie das eine ablegen, um sich ein anderes umzuhängen, um es bald darauf wieder abzulegen, wieder ein neues umzuhängen, ohne daß

man einen Grund dafür sehen könnte, mit einer Gewichtigkeit, zum Schreien komisch.
Im Theater, denn nur Frauen spielen, kleiden sie sich als Frösche, die die Harmonie mit der Natur symbolisieren, oder aber, um die Taille gefaßt, zwanzig oder dreißig zusammen, in einem riesigen wallenden Teppich, der jede von ihnen rundherum als Tuch umgibt, tun sie so, als kämpften sie gegen die Wasser eines Flusses oder der Flut, von denen sie in einer wunderschönen gemeinsamen Bewegung mitgerissen werden.
Aber die schönsten Tänze, die eine Menge Figuren umfassen und hervorragende kleine Theaterstücke bilden, sind die Fußtänze. Die Schauspielerin liegt im Halbdunkel auf einem Diwan, mit den Füßen zum Publikum, die als einzige entblößt und angeleuchtet sind. Die Füße machen das ganze Spiel, mit einer zwergenhaften, naiven, unerwarteten und braven Grazie. Manchmal, aber selten, geben Hände die Replik. Aber Hände sind ausgehungert, losgelöst, eigenwillig. Man bewohnt sie nicht, »Nein!« sagen die Orbusen über sie, »im Grunde bewahren sie das Leben nicht, das Sein durchläuft sie im Eilschritt.«

IN LANGEDINIEN

In Kivni

Ich lebte lange am Hof von Kivni, und obwohl ich sicher war, daß dort intrigiert wurde, und zwar ständig, konnte ich niemals in Erfahrung bringen, zu welchem Zweck, noch feststellen, daß irgend jemand einen Vorteil daraus gezogen hätte.
Oder doch. Einmal kam jemand mit Stiefeln in den Palast. Ich bemerkte ihn erst nicht, denn viele Männer kamen mit Stiefeln. Ich selbst. Seine Stiefel aber waren von unten her geschnürt, während unsere aus einem Stück waren.
Wie war er zu diesem Privileg gekommen? Ich habe mich das oft gefragt. Ich erkundigte mich, wie man sich denken kann, überall, doch habe ich nie so recht begriffen. Er hatte sich vor langer Zeit daran gemacht (der Beginn des Unternehmens soll, vorsichtig gesagt, sechzehn Jahre zurückliegen), hatte ununterbrochen intrigiert, ohne jemals Urlaub zu machen, und war dem Fürsten überall hin gefolgt oder, falls das unmöglich war, dem »Listenführer«. Und abgesehen von der Frage des Glücks, wurde die Angelegen-

heit mit Meisterhand vorangetrieben, denn obwohl man ihn seit langem im Auge hatte, war der ganze Hof, als man sich der Tatsache gegenüber sah, sehr verwundert.
Es fiel allen schwer, ihm ins Gesicht zu sehen, so sehr waren ihre Gedanken bei den Stiefeln.

✧

Am Hof von Kivni genossen Fremde, gerade wegen ihrer natürlichen Unkenntnis der Bräuche, bestimmte Privilegien.
Aber welcher Art diese Privilegien auch waren, die meisten Fremden, selbst wenn sie fürstlich eingeführt wurden, ja sogar die gewieftesten Botschafter, mieden den Hof, weil sie sich wegen der unendlichen Spitzfindigkeiten der Etikette dort nicht wohl fühlten.
Ich aber, obwohl mir die Eintrittsbegrüßungen mit ihren spitzfindigen Details, die man im entsprechenden Fall nie korrekt anzuwenden weiß, jedesmal eine Qual waren, versäumte es nie hinzugehen, da die Hofdamen und ihre tanzähnlichen Reverenzen (denn bei ihnen sind die Raffinessen ungleich größer und theatralischer) für mich ein immer wieder neues Schauspiel waren, dessen ich nicht müde wurde, das mir zum Bedürfnis geworden war.
Ach, da ich die Begrüßungsfiguren, die man den Frauen von fürstlichem Rang schuldet, nicht richtig tanzen konnte, mußte ich am Hof im sogenannten Großen Salon bleiben und konnte den Salon des Hofes nur flüchtig erblicken (ohne daß zwischen kleinem und gro-

ßem unterschieden wird, wobei der kleine nur den Botschaftern und Ministern vorbehalten ist).

Ajvinia war es, die mich bei Hof einführte und mich die Bräuche lehrte.

Ach, welch schlechten Schüler hatte sie an mir!

Durch eine außergewöhnliche Gunst wurde ich von Ajvinia zu dem großen Diner eingeladen, das sie am Ende des Winters gibt, aber für höchstens 30 bis 35 Personen. Es war das erste Mal, daß ich bei einer Dame des Hofes eingeladen war, die nach den Prinzessinnen den höchsten Rang einnimmt.

Wie anders war dort alles, verglichen mit den Palastempfängen, und von welch großartig imitierter Intimität, von der ich mich trotz meines Mißtrauens betören ließ! Überall nur Flüstern, endlich offenbarte große Geheimnisse, ganz unverblümte Geständnisse, Leute, die sich gänzlich preisgaben!

In dieser mir neuen und fast befremdlichen Atmosphäre herrschte für mich einzig Clivelines Gesicht, frisch und vollkommen, leuchtend wie eine Perle.

Das Essen dauerte nicht lange. Sie erhoben sich unvermittelt und nicht alle gleichzeitig vom Tisch; man ging auseinander, und ich wagte nicht einmal, Cliveline zu grüßen.

Ich wußte nicht, welches die Regel war, ein junges Mädchen von unbekanntem Rang zu grüßen, dessen Mutter den Tisch bereits verlassen hat.

Wie nur, wie sollte ich Cliveline je wiedersehen?

Es kam die Zeit, da die alten Haudegen vom siegreichen Feldzug gegen die Clavasen zurückkehren sollten und kein junges Mädchen mehr ausgehen würde. Und die Zeit war da. Ich würde sie also nicht mehr treffen!

Ich stattete Ajvinia einen Besuch ab: »Junger Fremder«, sagte sie zu mir, »Sie müssen unsere Regeln besser anwenden«, und ich erfuhr, daß ich schwer gegen Cliveline gefehlt hatte. »Sie verzeiht Ihnen vielleicht, weil Sie ein Fremder sind, aber die Regel verlangt, daß ein Ritter, wenn er ein junges Mädchen von Rang zum erstenmal sieht, ihr zwei Nüsse schenkt; sie dankt, behält sie einige Zeit in der Hand und läßt sie beim Weggehen auf dem Tisch zurück. Doch sie betrachtet sie aufmerksam, wenn sie dem jungen Mann Interesse bezeigen will. Ausnahmsweise kann sie auch eine Nuß behalten. Das hat keine festgelegte Bedeutung: Es ist eine Regung des Herzens. Ich kann Ihnen ja ganz im Vertrauen sagen, Cliveline hat mir gestanden: ›Wenn dieser Fremde mir das übliche Geschenk gemacht hätte, glaube ich wohl, daß ich eine Nuß behalten hätte‹.«

Aber ach, Ajvinia mußte am nächsten Tag abreisen, und als Cliveline zurückkam und es den jungen Mädchen wieder gestattet war, auszugehen, war ich von neuem unglücklich und ratlos inmitten der Vielzahl von Regeln, die es zu beachten gilt, wenn man mit einem jungen Mädchen von höchstem Rang sprechen will.

Ajvinia schrieb mir: ». . . Übrigens ist dieses Jahr, seit vorgestern, ein Jahr fast ohne Regeln. Und der Sinn derjenigen, die man beibehalten hat, ist zum ersten Mal seit 45 Jahren anders, so daß selbst große Könner zur Zeit nicht mehr darüber wissen als Sie. Das ist Ihre Chance.«

Ach, die Auslegung der Regeln war dieses Jahr, wenn auch vielleicht nicht wirklich schwierig, doch so außerordentlich eingeschränkt, daß die meisten Leute aus Angst, sie könnten sich täuschen oder es sähe so aus, als täuschten sie sich, nicht mehr ausgingen, oder wenn sie sich sahen, hastig flohen, da sie nicht wußten, wie sie sich verhalten sollten.

Selbst der Hof war wie ausgestorben. Ich irrte allein auf den Straßen umher, quer durch die Stadt.

Schließlich traf ich Cliveline am Hof, und es gefiel ihr, ihren Fächer vor mir auf den Boden fallen zu lassen. Ich hob ihn sogleich für sie auf und reichte ihn ihr mit allen Höflichkeiten, die ich genau studiert hatte. Sie schien überrascht und fast schmerzlich berührt und ließ mich kühl stehen.

Danach mußte ich nach Kadnir abreisen, ich war am Ende und verzweifelt.

Ajvinia schrieb mir: »Was Sie da getan haben, ist wegen seiner Zweideutigkeit äußerst bedauerlich, aber in seiner gängigen Bedeutung ist es verletzend und beleidigend. Arme Cliveline! Zartfühlend wie sie ist, frage ich mich, ob sie nicht krank davon wird.«

In Kadnir

Die Stadt Kadnir gleicht der Stadt Kivni nicht.

Sie ist klein, in der Nähe eines gewaltigen Flusses. Die Menschen nehmen dort wenig Platz ein. Seuchenartige Krankheiten kommen oft dorthin; die Mattheit immer.

Es ist eine Stadt, in der man nicht angespannt leben kann.
Die besten Tänzerinnen der Gegend sind aus Okodne, die gewandtesten.
Die aus Kadnir sind menschlicher. Sie sprechen die Sinne an, jene weiche Schicht, die man, unbestimmt, ganz tief in sich hat und die auf diese Musik wartet, um in Bewegung zu geraten.
Die Dächer in Kadnir reichen tiefer herab als woanders. Selbst das Eingangstor zur Stadt scheint ein großer Unterstand zu sein.
Ich verbrachte vier Monate in Kadnir. Kaum habe ich noch eine genaue Erinnerung daran, nur das Gefühl, daß es mir dort wirklich gut ging, daß dort mein Glück war. Ohne Höhen, ohne Tiefen, das Glück. Das war in Kadnir.

DIE OMANVUSEN

Bei den gutmütigen Omanvusen findet die Aufteilung der Frauen alle zwei Jahre statt. Ein Tag der Erleichterung für viele Männer. Auf diesem Frauenmarkt hört man mehr nützliche und grausame Wahrheiten als auf einem Mädchenmarkt. Zwangsläufig.
Der Markt ist in Ornagis, einer raupenförmigen Stadt auf einem Hügel.
Eine einzige Straße schlängelt sich von oben nach unten. Ein aufmerksamer Mann, der beim Hinaufgehen nach links und beim Hinuntergehen nach rechts schaut, kann also nach Rückkehr an das Stadttor sicher sein, daß er alle in diesem Jahr verfügbaren Omanvusinnen gesehen hat.

DIE EKORAVETTEN

Die Ekoravetten dienen als Führerin (nicht als Dienerin noch als Trägerin) beim Durchqueren des Sumpfes Op. Die Pfade wechseln mit der Jahreszeit, und nie sind die Männer beim Wiederfinden der Inseln und festen Stellen dieser wandernden Wege so gut gewesen wie die Frauen. Sie setzen ihre kleinen Füße hier und dort auf, behutsam und prüfend wie verlängerte Ohren, und dann geht man durch.

Ihre Männer, die Ekoraven, sind sehr viel größer als die Frauen und ebenso stark, wie diese umsichtig sind. Die einen wie die andern sympathisch, und man hat gern mit ihnen zu tun.

DIE ROKODISEN UND DIE NIJIDUSEN

Was bei ihnen erstaunlich ist: Sie haben etwas von einem Rä-Rä. Doch die Rä-Rä-Rasse existiert gar nicht. Nur das Innerste der Nijidusen ist rä-rä. Und das Innerste der Rokodisen ist ganz genauso.
Obwohl hager und von lebhafter und nicht überbeanspruchter Erscheinung, sind sie steif, wankelmütig und bleiben offenbar hinter ihren Möglichkeiten zurück.
Damit ich nicht noch weiter von meinem Gedanken abschweife: Die Nijidusen sind Barne und Kohlripper und glanzloser als sonst irgend etwas und yaya und gegribelt.

DIE ARNADISEN

Die Arnadisen sind nicht wichtiger als die Nijidusen. Alle zusammen verschrumpelt. Ich werfe die Bevinen, die Suvgatten und die Arnavasen in einen Topf. Sie unterscheiden sich offenbar voneinander. Vielleicht. Bei genauem Hinsehen. Skeptisch wie Stöcke, Größe unfehlbar vermeidend (und die der anderen beeindruckt sie nicht, sie bringt sie höchstens zum Lachen, jenem kleinen trockenen Streichholzlachen, das knackt).
Ihre Frauen, klein, spöttisch, mit denen man sich besser nicht einläßt, mit einem Wort: Spießbinnen.
Jedem und jeder eine gehörige Tracht Prügel geben würde Spaß machen. Es ist ein Volk, bei dem Enthusiasmus unmöglich ist.

DIE GARINAVETEN

Ich habe eine Menge Stämme im Süden des Gal gesehen. Die Männer sind dort behaart wie Affen. Die jungen Männer rasieren sich den Körper, damit sie am Tag ihrer Hochzeit starre, stachlige Haare haben. Die Braut verläßt das Bett mit blutüberströmtem Körper, und der Bräutigam verläßt es unter allgemeiner Hochachtung.

Das sind die Garinaveten.

Aber wenn sie ihre Probe bestanden haben, rasieren sie sich nicht mehr, und ihr Haar wird mit der Zeit wieder weich.

Sie haben eine Art großer Ratte gezähmt. Die Frauen der Häuptlinge führen entsprechend ihrem Reichtum eine mehr oder weniger große Zahl von Ratten an Schnüren aus. Es wirkt dann so, als seien sie von Rasen umgeben, von grauem, schimmerndem und überaus verführerischem Rasen.

Das Fell des toten Tiers ist nicht sehr wertvoll, denn es verliert seinen Glanz, und Würmer nisten sich darin ein, welche Vorkehrungen man auch dagegen trifft. Lebend sind diese kleinen Rudeltiere eine Pracht, mit der sich zu umgeben Frauen von Ansehen nicht versäumen. Aber wenn sich zwei Rivalinnen in den engen Dorfstraßen begegnen und keine die Mitte des Durchgangs freigeben noch ihre kleine, wimmelnde Herde zurückhalten will, gibt es bald ein Durcheinander, kleine und große Schreie und ein Wirrwarr, daß man sich nie mehr zurechtfindet.

DIE BORDETEN

Händler werden bei ihnen umgebracht, denn diese scheußliche Rasse ist zu allem fähig.
Da es manchmal gewisse Schwierigkeiten macht, sich ohne Vermittlung Dinge zu beschaffen, gibt es an bestimmten Orten abgestellte Waren, die man an jene verteilt, die sie brauchen und die es wissen lassen.
Würde das Wort »Kommission« oder »Benefiz« auch nur ausgesprochen, so würde der Unvorsichtige, den seine Zunge verraten hat, mit Peitschen gezüchtigt.

DIE MIRNER

Bei den Mirnern wird eine des Ehebruchs überführte Frau nicht bestraft, außer mit einigen Schlägen, ganz nach Belieben des Ehemanns. Was den Liebhaber angeht, so hat er für alle Kosten des Hauses wie Lebensmittel, Getränke, Vergnügungen usw. aufzukommen oder, falls ihm die Mittel dazu fehlen, sich Tag und Nacht an der Türschwelle für alle Dienste bereitzuhalten, bis der Ehemann »genug« sagt.
(Nach allgemeinem Brauch steht es dem Ehemann nicht zu, den Liebhaber länger als acht Jahreszeiten arbeiten zu lassen.)
Aber manche Ehemänner können nicht an sich halten und besaufen sich mit dem Wein des Liebhabers, und da auch manche Liebhaber nicht an sich halten können, genießt also der Liebhaber die Frau ein weiteres Mal. Und der Bußpreis für die wiederholte Liebe dehnt sich zu unzähligen Jahreszeiten.

✧

Die Längeneinheit der Mirner ist der Zeh mit 3,22 cm, der Fuß mit 32 Zentimetern und der Schritt mit 91. Das ist kein Königsmaß.

Der König rechnet in Köpfen: 21 Zentimeter, das ist die Durchschnittslänge, die für sie festgesetzt worden ist und deren sich der König bei seinen Geschäften bedient.
Von Zeit zu Zeit, aus Skrupel, um nicht den Anschein zu erwecken, er gebrauche ein Maß, das ganz und gar Konvention und Symbol und in gewisser Weise fiktiv ist, schlägt der König einige ihm geeignet erscheinende ab, die er auf Schultern um sich herum sieht.

✧

Sie lieben sprechende Behausungen, Häuser, deren Fassade mit rosigen und wohlgeformten Brüsten bedeckt ist, und darin Möbel, schwer, düster, aber übersät mit Augen.
Am Eingang zur Stadt bringt ein seltsames Bauwerk ohne Hand und Fuß, ohne bewohnbare Räume, doch nicht ohne Größe, die Seele der Stadt, die wechselhafte Seele, zum Ausdruck. Daher ist an ihm ebensoviel abgerissen wie aufgebaut.
Die Fassade des großen architektonischen Mehü von Mehé ist so eindrucksvoll, daß Frauen bei ihrem Anblick gestorben sind, von Bewunderung überwältigt.

DIE MAZANITEN UND DIE HULABUREN

Die Religion der Mazaniten mißfällt den Hulaburen und empört sie. Sie fühlen sich im Sog einer breiten Ansteckung, wenn sie daran denken.
Die Mazaniten jedoch halten ihre Religion für den selbstverständlichen Weg zur Heiligkeit und zur natürlichen Entfaltung dessen, was den Menschen erhebt und wirklich an ihm zählt. Sie haben übrigens drei Kulte. Doch die Hulaburen sehen nur einen. Einen, den sie verabscheuen.
Die Hulaburen führen also Krieg gegen die Mazaniten, und oft mit Erfolg.
Die Hulaburen fesseln ihre Kriegsgefangenen mit einem Haken durch die Zunge, einem Haken durch die Nase, einem Haken durch die Oberlippe und noch zwei kleinen Haken durch die Ohren.
Wenn sie auf diese Weise an die 30 Angelhaken anbringen konnten, sind sie stolz und mit sich selbst im Einklang; edel erstrahlen ihre Gesichter. Sie tun es für Gott... ich meine für Jenen ihres Landes, für die Ehre der Heimat, kurz, wie auch immer, aus einem erhabenen, strengen Gefühl der Selbstaufopferung.

DIE OSSOPETEN

Die Arpetter sind Verräter und ebenso die Florizier, die Zirridaner sind Diplomaten und die Urledusier schlaue Köpfe.

Sie übertreffen andere durch ihre Geduld, ihre umsichtige Verwaltung und verstehen es, zu führen und, wenn nötig, einzuschläfern, als reiche Leute, die sie schon immer waren. Sie kämpfen nicht selbst, sondern besitzen große Armeen von Söldnern. Ihre Verbündeten, die Effratter, machen bei jeder Schlägerei mit.

Die Ossopeten haben eine dreckige Haut wie verdorbene Trüffel. Sie würden ihren Vater verkaufen, um Geschäfte zu machen. Mit etwa dreißig bekommen sie grüne Zähne. Sie sind klobös.

✧

Die Epeliser schicken ihre Kinder zunächst in die Redlichkeitsschule.

Ohne große Überzeugung.

Wer es da nicht schafft, wird in die Verräterschule geschickt. Die Mehrzahl.

Denn draußen hat dieses schwache Volk nur durch Verrat eine Chance.
Aber sie wollen keine Neigungen erzwingen und lehren die Kinder die Dinge zunächst nach der ehrlichen Methode.
Das war im Grunde ein Risiko. Doch sie gehen es ein im Vertrauen auf die Zwiespältigkeit der menschlichen Natur.

✧

Die Ematrusen sind flechtig, oder sie sind bohaniert. Das eine oder das andere. Sie nähen Ratten, die sie mit Arzetten fangen, ohne sie zu töten, aneinander und lassen sie so zusammengenäht los, den gemeinsamen Bewegungen, dem Elend und damit dem Hunger preisgegeben.
Die Ematrusen berauschen sich mit Clouille. Aber vorher verkriechen sie sich in einem Faß oder in einem Graben, wo sie drei oder vier Tage bleiben, bis sie wieder zu sich kommen.
Von Natur aus schwachsinnig, mit einer Vorliebe für derbe Späße, enden sie als vollkommene Narzimputer.

Im Wald Ormaz

In der Liebeszeit richtet der männliche Kuencavogel an seinem immer stärker anschwellenden Hals drei halbkreisförmige prächtige Federreihen auf, und so, in seine funkelnde orange-grün-rote Montur gezwängt,

geht er auf die Suche nach einer Gefährtin, um sich zu befriedigen und für das Nest.
Aber wenn er ihr endlich gegenübersteht, zieht er sofort den Kopf ein; sei es, daß er ihn versteckt, um seine Leidenschaft stärker zu empfinden, sei es aus Scham darüber, vor einem einfachen, grauen und schwächlichen Weibchen als Bittsteller aufzutreten. Vielleicht einfach nur, um die Pracht seines Halses besser zur Geltung zu bringen.
Hat er es aber erobert, wird er friedlich und unauffällig, seine Federn verlieren ihren Glanz und ihre Fülle, und wenn vierzehn Tage vergangen sind und man die beiden im Nest beobachtet, könnte man meinen, zwei graue, in Lumpen und Mutlosigkeit gehüllte Weibchen vor sich zu haben.
Gegen Ende November bietet der Wald Ormaz das schönste Schauspiel glanzvoller Überraschungen, wenn das Kuencamännchen in seiner besten Form ist.

DIE BOLAREN

Bei ihnen regeneriert sich das Gewebe so schnell, daß sie die größte Gleichgültigkeit gegenüber Verletzungen zeigen, die in wenigen Stunden vernarben, und gegenüber den gefährlichsten Schlägen, die am nächsten Tag keine Spuren hinterlassen. Daher sind sie Rabauken und Provokateure, wie eben Leute, die, wenn sie nicht auf der Stelle sterben, mit Sicherheit davonkommen.
Sie sind unerträglich.
Und Gift? Untauglich. Sie erholen sich ja so schnell, wenn sie nicht tödlich vergiftet sind. Man droht ihnen am wirksamsten mit Augenausreißhaken. Denn da Blindheit und Ungestüm in ein und demselben Körper eine entsetzliche Qual sind, erwartet sie dort das Unheil, und das wissen sie.

DIE PALANEN

Die Palanen bringen Säbelschlucker und Staubschlürfer hervor. Man sieht manchmal welche, die einen reglosen Panther wie einen Lappen im Dreck hinter sich herziehen.
Durch welche Behandlung er so abstumpft, weiß ich nicht.
Dieser magische Panther jagt nachts für sie; jagt, aber apportiert nicht, man muß sehr früh morgens hingehen, wenn noch Zeit dazu ist, um das Wild einzusammeln (der Panther bekommt einen Teil davon).
Panther nur in den letzten Nachtstunden in den Wald schicken.

DIE VIBERN

Die Vibern mögen das Wasser, tauchen nach Schwämmen, behaupten sich gegen Haifische und Kraken. Sie kehren abends zurück, ohne sich abgetrocknet zu haben, mit leicht bläulich phosphoreszierendem Körper. Ihre Frauen kommen in einem Boot nieder, denn in den Bewegungen des Meeres finden sie die notwendigen Kräfte, das Kind, das geboren werden will, auszustoßen.

DIE MASTADAREN

Das ist die große Rasse, *die Rasse*: die Mastadaren. Sie bekämpfen Tiger und Büffel mit dem Spieß und Bären mit der Keule. Und selbst wenn sie einmal ohne Keule dastehen, bieten sie dem großen Zottigen die Stirn.

IM LAND HEBBORA

Im Land Hebbora ist die Wärme gut, das Klima ist gut und das Volk zufrieden.
Sie lieben unbeschwert, ohne sich groß Gedanken zu machen. Ihre Zahl jedoch steigt nicht, da sie sich nicht stark vermehren.
Eine Frau, die drei Kinder auf die Welt setzt, hat mehr getan als die meisten ihrer Freundinnen.
Aber die Kinder sind schön und gesund wie ihre Eltern und glücklich, ein Leben auf Erden verbringen zu können.

DIE ARPEDER

Die Arpeder sind die härtesten und unversöhnlichsten Menschen, die es gibt, besessen von Rechtschaffenheit, von Rechten und mehr noch, von Pflichten. Von ehrwürdigen Traditionen natürlich. Das Ganze ohne Horizont.

Sture Stumpfköpfe, die wie Wahnsinnige die anderen antreiben, sich zu bessern, das Herz hoch zu tragen.

Was für eine überströmende Freude bei allen Nachbarn, als ihnen ein allgemeiner Krieg erklärt wurde, ein Krieg, wie er ungerechter nicht sein könnte!

Das war ein neuer und großer Kreuzzug, der schöne, glückliche, unentschuldbare, der verbrecherische, vor Ungerechtigkeit schreiende, gegen ein Volk, das von seinem Recht überzeugt ist und beweist, daß es das Recht auf seiner Seite hat, und das daran zugrunde gehen wird.

Kaum gibt es heute noch ein paar Hundert von ihnen auf der Insel Phobos. Alle Völker erleichterten sich ausgiebig. Das Gemetzel dauerte über ein Jahr. Noch bei der Folter, wenn ihnen ein Arm, die Nase, die Ohren abgeschnitten wurden, sprachen die gefangenen Arpeder davon, »daß ihr Recht verletzt wird«. Dieses

Liedchen ist jetzt aus. Man warf sie den Hunden vor, die sie keineswegs zäh fanden und mehr davon verlangten.
Die Frauen wurden nicht geschont. Kaum vergewaltigt, wurden sie umgebracht, man hatte kein Vertrauen in die neue Rasse, die hätte entstehen können.

DIE KALAKJESEN

Das Volk ist dermaßen streitsüchtig, daß Gespräche verboten werden mußten. Sie brachten zu viele Schläge und tödliche Verletzungen mit sich. Das Land wäre in kurzer Zeit gänzlich entvölkert gewesen.
Und das Problem der Ehe?... Kurze Annäherungen, so kurz wie möglich.
Mann und Frau zusammenleben zu lassen konnte nie in Frage kommen. Das wäre eine echte Provokation, die nur mit einem prompten Hinscheiden enden könnte.
Tatsächlich sind nur noch ein paar Kalakjesen übrig.

DIE GABEDRA

Die Burer haben als Erwachsene nur noch wenig gute Zähne. Das liegt an der Gabedra. Diese aktive Larve nistet sich gerne in einer Zahnwurzel ein, desensibilisiert sie, höhlt sie aus und macht aus einem gesunden Zahn in zwei Monaten einen toten.
Der Mensch kümmert sich nicht darum, im Vertrauen auf den gewohnten Anblick seines Mundes. Trotzdem sind seine Zähne tot. Und ist erst einmal der Frühling gekommen, zerbrechen sie beim ersten Knochen wie Nüsse, aber schon sind die Larven, nachdem sie dort wohlig überwintert haben, in den Darm gekrochen, wo sie das Frühjahr zu verbringen gedenken. Wenn es bei Sommeranfang warm genug ist, verlassen sie den Körper des Menschen, der für sie nutzlos geworden ist, und gleich nach ihrem Austritt aus dem Anus entfalten sie die kleinen Flügel, die ihnen gewachsen sind, und erheben sich in den Raum, wo sie der Mensch, der sie in seinen Zähnen und in seinen Exkrementen gehabt hat, darum beneidet, sich frei und kapriziös bewegen zu können.

DIE NANEN

Wegen einer Krankheit, die bei ihnen grassiert, wird ihr Land von allen gefürchtet. Kaum angekommen, dachte ich nur noch daran, wieder abzureisen.

Sie bekommen Wülste unter der Haut. Zunächst an den Beinen (wenige achten darauf; es ist vielleicht ein verschobener Muskel...), dann am Bauch, wo es immerhin schon merkwürdiger ist, dann häufen sich die Wülste und dehnen die Haut, die sich verhärtet und offenbar nicht nachgeben will. Man muß den Wulst herausschneiden, eine Infektion ist sehr selten. Die Wunde mit Averser Wasser reinigen, das als Wundermittel gilt. Wie dem auch sei, es besitzt die Eigenschaft, Blutungen zu stillen, stärkt die ganze Region und läßt sogar die kleinen Wülste zurückgehen. Erstes Stadium.

Im zweiten Stadium, zwei oder drei Jahre später, kommen die Geschwüre.

Frauen trifft es eher an der Brust. Ihre Brüste werden riesig und violett oder rot, sogar satt weinrot. Wenn sie nicht mehr ganz jung sind, reift ihre Brust trotz des Alters, anstatt zu welken, und entwickelt sich zu einer abstoßenden Frucht, die in immer neuem Farbenreichtum und immer größerem Glanz und Wahnsinn erstrahlt, mit kleinen orangenen und kobaltblauen Streifen. Und sie gehen so auf die Straße, verzweifelt, wenn auch majestätisch. Doch bei der geringsten abrupten Bewegung sondert die Brust ein kleines gelbes Rinnsal ab, das Übelkeit erregt.

Sobald sich diese Scharen unglücklicher Frauen mit Kindern und Blinden, deren Augen eitern, in Bewegung setzen, liegt über der ganzen Gegend eine abscheuliche Trance.

AUF DER ASSULINISCHEN HALBINSEL

In Groß-Garabannien, und vor allem auf der assulinischen Halbinsel, sind die Beziehungen zwischen Mann und Frau von einem Ort zum anderen unendlich verschieden. Und das ist beabsichtigt, denn nichts, sagen sie, beansprucht einen so wie diese Dinge, die ja die gesamte Existenz vereinnahmen können, sobald sie nicht gelungen sind, wo sie doch, im Grunde einfach, in das Lebensganze eingehen sollen. Und was dem einen behagt, behagt nicht dem anderen.

Der nicht befriedigte Mann geht also in ein Nachbardorf (es gibt andere Sitten und Gebräuche weniger als einen halben Tag entfernt).

In der Gegend von Umbal brauchen sie nichts als Zärtlichkeit. Man sieht dort, wie schon mit sechs oder sieben Jahren ein kleiner Junge einem kleinen Mädchen ergeben ist, überall ihre Gesellschaft sucht, in süßen Worten zu ihr spricht, und niemals berühren sie sich, außer an den Fingern. Ihre Augen sind lichtdurchtränkt.

Nach der Heirat bleibt die junge Frau noch lange bei ihrer Familie, und wenn sie zu ihrem Mann zieht, dann eher, um dort ihr »Zuhause« zu haben, wohin er im-

mer nur als Gast kommt, wie jeder andere zu Höflichkeit und Zurückhaltung verpflichtet.
Sie begibt sich nur einmal im Jahr wirklich zu ihm. Dann macht er ihr ein Kind, im übrigen angenehm und ohne Scham. Sie zieht sich schnell zu sich nach Hause zurück, wo sie ihn die Woche über nicht zu empfangen bereit ist.
Man findet bei ihnen nicht jene Art Flegel, die ihre Frau jeden Abend besitzen wollen. Sie wären nicht geduldet. Man würde sie sofort verbannen. Aber sie können jederzeit nach Immerien gehen.
In Immerien wird das Geschlecht der Frau kultisch verehrt, ganz ohne Rücksicht auf ihre Person oder ihren Charakter. Und niemals bringen sie das eine mit dem anderen in Verbindung.
Die Leute sind dort sehr weich, und ihre Lust, ja selbst ihre Wollust dauert länger, ist jedoch nicht so intensiv. Sumpfiges Land, heißes Klima, das einen auslaugt.
Am meisten lieben sie Massenorgien in tiefer Dunkelheit. Dabei wird ein Mann geopfert, manchmal mehrere. Genau im Moment des Liebesgenusses wird er von seiner Gefährtin und ihren Freundinnen erdrosselt. Er versinkt fast im selben Augenblick im Tod und in der Wollust.

DIE GULAREN

Man hat schon immer beobachtet, daß das Wunderbarste am Menschen die Begeisterung ist, aber daß man sich dabei, ach, prompt die Knochen bricht, oder die Knochen der anderen.
Die Gularen haben versucht, beides zu trennen. Die Begeisterung und ihren Gegenstand. Also kein Gegenstand.
Die Erregung selbst erregt sie.
Man sieht manchmal welche, einsam auf einem Fels oder in Gruppen auf Plätzen, in Trance. Befallen von *Wolfsfiebern*.

DIE EKALITER

Ich habe nie erfahren, ob es die Folge einer Krankheit oder eine bloße natürliche Veranlagung ist. Der Körper der Ekaliter errötet, sofern er nur fester berührt wird (außer an Händen und Füßen).
Und das Mal hält sich eine Stunde, manchmal viel länger.
Jäger, die aus dem Wald zurückkommen, kommen ganz in Blumen, Blättern und Körnern zurück.
Der Körper der Frauen ist wie aus Perlmutt, rosig, schimmernd, wundervoll.
Ich wurde nicht müde, mit Daumen und Fingern wischend, rosa Figuren und andere rosa Feen- oder Puppenkörper darauf zu formen. Und dank diesem kleinen Talent liebten sie mich. Sie liebten es, auszugehen, sich zu zeigen. Sie liebten es, sich gefügig und schelmisch meinen Fingern zu überlassen.
Und ihr Körper war wie aus Perlmutt, aus Perlmutt, verstehen Sie!

DIE ETREDISEN

Ihre einst sehr zahlreichen Stämme bestehen nur noch aus einigen sehr empfindlichen Individuen. Eine Krankheit, die fast alle Völker verschont, überwältigt sie. Es handelt sich um eine Darmkrankheit: die Estrazellose. Die Eingeweide werden derart anfällig, daß sie selbst von gekochten Karotten, von einem nur eine Spur zu schweren Püree durchlöchert werden, nicht aber von Bouillon, Milch, Obstsäften (außer den sauersten).

Aber dann wird die Moral anfällig.

DIE URGULLIER

Die Urgullier bewohnen das Mündungsgebiet des Flusses Ogal. Die Karasker die Hochebenen. Diese sind arm und ihre Gesänge melancholisch, und sie beneiden die Urgullier, die sich vollfressen, die sich um nichts kümmern und leben, ohne etwas zu tun.
Die Urgullier lachen darüber und brüsten sich, uneinnehmbar zu sein in einem Klima, das die anderen Völker, die von Zeit zu Zeit dort zu leben und sie zu bekämpfen versuchen, schmelzen und grün werden läßt, die Karasker, die Ratavesten und die Kliffeten, und das sie bald zwingt, wieder zu ihren traurigen Hochebenen hinaufzusteigen, rachitische Esel, ihre melancholischen Gesänge singend, die noch melancholischer geworden sind.

Die Diarrhöe der Urgullier

Aber in einem so abscheulichen Klima wie dem ihren können sie nicht allen Krankheiten entkommen. Die Diarrhöe der Urgullier ist im ganzen Westen berühmt. Es ist eine Diarrhöe mit Autophagie. Der Mensch wird

nach und nach von seinem eigenen Darm verdaut und ausgestoßen.
Das Phänomen endet nicht mit dem scheinbaren Tod, da die Leiche ständig weiter defäziert. Man findet von allem etwas in ihren Exkrementen, Blut, Überreste der Bauchspeicheldrüse, des Zäpfchens, sogar des Brustfells, ja selbst Knochensplitter, behauptet man, und der Tote verliert auch seine Zunge. In weniger als drei Stunden hat der widerliche Katarakt alles mitgerissen und den Menschen ausgenommen, wie man es mit einem Hühnchen tut.
Und wenn der Kranke einen Moment Ruhe hat, dann nur um zu brechen, um sich selbst zu erbrechen.
Manche Ärzte sagen, daß der Tod nach der ersten Stunde wirklich eintritt. Andere, daß er nur scheinbar ist.

DIE HALALASEN

Die Polizei regelt bei ihnen ihre Angelegenheiten selbst. Der für Ordnung und Verbrecher zuständige Polizist wird als ihr Unteroffizier, ihr Gruppenhaupt angesehen. Damit die Situation noch flexibler wird, machen die Banditen bei der Polizei ein Praktikum und die Polizisten bei den Missetätern. Beide Gruppen tauschen ständig Männer aus.
Neuerdings machen die Banditen kein Praktikum beim Gericht mehr, aber als es noch etwas Ansehen hatte, war es voll von ihnen. Sich jetzt noch damit aufzuhalten wäre für sie verlorene Zeit.
Bei den Halalasen wird die Armee vom Feind unterhalten. Nicht zufrieden damit, den ganzen Reichtum der Bauern und Händler zu verzehren und den Halalasenfrauen die Ehre zu rauben, lassen sie sich üppig vom feindlichen Volk der Hokotisen unterhalten. In Kriegszeiten sieht man sie natürlich nur ausnahmsweise, da sie trinken und essen und Allotria treiben bei den Hokotisen, deren Truppen Stadt und Land der Halalasen verwüsten.
Aber da sie große Schlemmer sind, muß man ihnen Feste geben, und immer mehr, und Gelage und

Frauen, und man darf sie nicht vergessen, denn ebenso unabhängig in einer jämmerlichen wie in einer großartigen Situation, geraten sie, wenn sie sich nicht genügend unterhalten fühlen, schnell in Wut, stürzen sich auf ihren großen Säbel und kehren die hoffnungsloseste Situation um, so daß mancher Krieg von den Halalasen im letzten Augenblick gewonnen wurde von Truppen, die sie seit Monaten nicht mehr zu besitzen glaubten, die vielmehr dem Abscheu der Kinder und der Rache ihrer Götter ausgeliefert waren.
Und eines Tages, eines schönen Tages, haben diese Kerle, die in Wahrheit prächtig sind und es verdienen, wie Huren unterhalten zu werden, die Situation umgewälzt und den Feind so vernichtend vernichtet, daß er sich nicht so schnell davon erholen wird.
Und da kehren sie nun ganz baff zur neuen Schlemmerei zurück, die sie erwartet.
In Familien- und Regierungsangelegenheiten werden Prostituierte als gute Ratgeber angesehen. Die Hetären gewinnen aus ihren Ratschlägen, wenn sie welche zu geben geruhen, ein beträchtliches Vermögen. Was die Prostitution ihres Körpers betrifft, ist sie natürlich nur ein Vorwand, ein Vorwand zu reden, offen zu reden.
Alle Informationen, das ganze Leben der Halalasen laufen über sie.
Und alle Mütter, die dieses Namens würdig, ein bißchen intelligent und um die Stellung ihrer Töchter bemüht sind, drängen diese zur Prostitution. Ehre und allgemeines Ansehen strahlen unweigerlich auf die Frau zurück, die eine solche Entscheidung zu treffen wußte.

Wenn es keine Prostituierten gäbe, wäre keine Familie möglich, da die Halalasen von Natur aus Wüstlinge, Säufer und Lebemänner sind und nichts anderes im Sinn haben, als mit den Mädchen draußen zu sein. Aber die Prostituierten bringen sie wieder nach Hause und lassen sich das teurer bezahlen, als wenn sie ihnen ihren Körper anbieten. Sie gewinnen auf diese Weise viel Ansehen in den Familien und sind, kann man sagen, die eigentliche Basis der Familie.

DIE CORDOBEN

Keiner ist frei von Galligkeit.
Männer, die am schnellsten gekränkt, am stärksten von Beleidigungen (die sie überall spüren) zermürbt sind, schwankend nicht zwischen Zorn und Ruhe, sondern zwischen mehreren Arten von Zorn.
Geschwollen das Gesicht, ständig neu zur Weißglut gebracht von Neid, von den Niederlagen der Ehre, den Ressentiments, besonders abends, durchdrungen von vergifteten Säften, schwarz anlaufend, angespannt, in Wechselbädern fleckig werdend, erbleichend, sich verdüsternd bei den aufeinanderfolgenden Wellen der Verbitterung.
Ein Zorn mit hundert Ausdrucksweisen: bei den einen kommt es in Schauern, die sie schließlich zwingen, sich ins Bett zu legen, bei anderen als Fieber, als Schlucken, als Krampf, als kleine Verbalanfälle, als Gefuchtel, gefährlicher bei einem, über den er selten kommt, da er dort nicht seinen festen und gewohnten Weg hat, verheerender, aufs Geratewohl in ihn fahrend, ohne Ausweg, als wenn er ihm die Brust aufreißen wollte.
Ein Zorn ohne Grausamkeit, Greuel oder Mord, denn den Stolz, sein Herr, Sitz und Opfer zu sein, ziehen sie

der Befreiung vor. (Zorn: Kraft. Mord: Onanie.) Man muß an sich halten können.
Die Frauen haben alle ihre Eigenschaften an Temperament, außer dem galligen Dämon; lebhaft, schlank, mit heiterem und gereinigtem Gesicht. Das verstört die Männer, diese nimmermüden Gockel, die aber Ungezwungenheit lächerlich macht, daher neue Anfälle, und die Frauen sind über diese Wutausbrüche immer erstaunt wie von Ratten beleidigte Vögel.
Männer und Frauen am Rande des Abgrunds der Liebe, sich niemals begegnend.
Die Liebesgesänge in Cordobien, schwungvoll, inbrünstig, aus der Tiefe kommend, weit tragend, aber ein bißchen spießig.
Ein Land, mehr von Traurigkeit bewohnt als wirklich traurig. Häuser, gebaut in ungemütlichen Gegenden, trostlos, aber von trotzigem Reiz.
Die eisige oder flammende Luft versengt einem die Schleimhäute. Durst. Sie behalten ihren Durst. Der Durst ist prickelnder als das Löschen.
Sie beten einen einzigen, rachsüchtigen, absoluten Gott an, der geneigt ist, überall das Böse zu sehen, und der sie alle beim Tod erwartet. Seine Herrschaft wird nie enden.
(Zu den Cordoben gehören auch die Ebellöer, die Ekröer, die Fikren und die Pajarisen).

DIE GAUREN

Sie dürsten nach Religion. Was haben sie ihr nicht geopfert? Von rauhen Sitten, kochen sie ihre Nahrung nicht. Nur für die Götter gibt es gekochte Lebensmittel. Sie bereiten diese mit größter Sorgfalt zu, und ein Soßenmeister ist ständig damit beschäftigt, Unmengen von Gerichten, ganze Schafe, Geflügel brutzeln zu lassen.
Der Gott schnuppert, er hat ganz braune, fettige, verkrustete Nasenlöcher. Aber er kann sich nicht daran sattsehen, wie unschuldige Tiere lebendig in die dampfenden Töpfe unter kochende Soßen geworfen werden, und es dauert Jahre und Jahre, bis seine Nase von den zunehmenden Ablagerungen der Rauchteilchen verstopft ist und er vor aller Augen nicht mehr in den Genuß der Tieropfer und stärksten Gerüche kommt.
Dann hören sie ruhigen Gewissens auf, ihn zu ernähren, bis ein Unglück auftaucht; sie stürzen sich reumütig vor seine Füße (andere kratzen ihm schnell die Nasenlöcher aus) und opfern ihm demütig ihr Vieh, das sie ihm mit List und Heuchelei zu unterschlagen gehofft hatten.
Ich kenne nicht alle ihre Götter, aber ich kenne etliche,

weil ich sie an Feiertagen habe umhergehen sehen; an einigen Orten, wo man sie in großer Zahl finden kann, jeder mit seiner Gruppe von Anhängern und seinem Soßenmeister, sind sie auch ständig ausgestellt.
Der Gott *Banu* bevorzugt Hühnchen, Piment und Antilopenaugen. Der Gott *Xhan* Gegrilltes, bis auf die Knochen verbrannte Opfer. Der Gott *Sanu* weidet sich an Innereien und lebendig im Wasserbad gekochten Tieren. Der Gott *Sirnisi* bevorzugt kleine Speisen, Lerchen, Nachtigallen, aber sie müssen langsam zu ganz, ganz, ganz feiner Asche verbrannt werden. Der Gott *Kambol*, der vom Menschen gekostet hat, ist – ach! – gierig auf Mensch oder vielmehr auf Mädchen, auf Fleisch, das die Fülle der Frau noch nicht erreicht hat, das »noch den Hang erklimmt«. Das braucht er. Man versucht natürlich, ihn mit noch jungen Schweinen, zwischen Schwein und Ferkel, zu täuschen, und hier und da, um ihn besser in die Irre zu führen, legt man eine Hand, einen Finger, einen zarten Arm auf diese Schweinerei.
Man gewinnt dadurch einige Menschenleben, gewiß, aber man kann ihn nicht unbegrenzt hintergehen, denn er kennt die Menschen gut, es ist der Gott, der die Menschen am besten kennt, und im Gegensatz zu manch anderen schätzt er sie und hat für sie nur Honigworte.
Weitherzig, wie sie sind (obwohl vielleicht aus purer Angst), verstehen die Gauren weder die Gefühlskälte noch den Geiz der anderen: »Hören Sie«, werden sie zu einem durchreisenden Fremden sagen, »Sie, der Sie vier Kinder haben, können nicht zwei für einen so

mächtigen Gott hergeben!« (den Gott Kambol). Diese Pietätlosigkeit bringt sie aus der Fassung. Zorn packt sie, göttlicher Zorn, und um den Schimpf wieder zu tilgen, metzeln sie all diese Gottlosen nieder und opfern sie ihren gierigen Göttern. (In diesem Land kann ich nur raten, allein und mit ganz wenig Gepäck zu reisen, das man notfalls im Graben verstecken kann.)
Manchmal sieht ein frommer, um die Töpfe des Großen Kambol schleichender Gaure eine magere und fast beleidigende Portion, ein schwächliches Baby, nur Haut und Knochen, an dem wirklich nichts dran ist, oder Betrugsfleisch, Schweine und Kälber und junge Gazellen; also schneidet sich der fromme Gaure, peinlich berührt, beschämt von dieser Misere, aber selbst arm, schnell einen Finger ab, sicher eine dürftige Gabe, aber unter vielen Entschuldigungen übergibt er ihn noch ganz warm dem Gott, von quellendem Blut überströmt, von Menschenblut, das der Gott so liebt. Oh! wie Er es liebt!

✧

Der Gott *Mna* ist der taubste von allen und der größte. Sie wissen genau, wenn er auf sie hören würde, wäre das das Ende ihrer Leiden, die zahllos sind, denn es ist das am meisten von Krankheiten heimgesuchte Volk, das ich gesehen habe (ich beschreibe später einige davon).
Daher haben sie an sein winziges Ohr ein anderes, riesiges, elefantenartiges Ohr mit tiefen Falten befestigt, das sich hinter seinem Kopf schwer wie eine Schleppe ausbreitet. Und es gibt immer große offizielle

Schreihälse, Priester und Kinder von Priestern mit schrilleren und durchdringenderen Stimmen, die ihm inständige Bittworte zurufen, nachdem man ihnen natürlich, um den Gott zu alarmieren, Knallfroschwerfer vorausgeschickt hat, und Trompeter, die unter den kräftigsten Bläsern der Gauren ausgesucht wurden.
Ach! Wenn er wenigstens sehen könnte, dieser Schwerhörige! Aber nein! In dieser Hinsicht nichts zu erhoffen. Nie ist der Schatten eines Auges, nie ein Tropfen einer Augenlinse auf diesem Gesicht erschienen. Einer derartigen Hoffnung kann man sich nicht hingeben, man kann wirklich nur auf das schwindende Gehör dieses großen Tauben zählen, der früher anscheinend noch ein bißchen hörte (wenn auch oft falsch) und sofort gewährte, worum man ihn bat, denn sobald er Bescheid weiß, ist es ein Gott, der die Menschen nur zufriedenstellen möchte ... (er kann ihnen nichts abschlagen). Leider scheint er im Moment zu einer völligen Taubheit überzugehen, und man fragt sich mit Entsetzen, was passieren wird, wenn er dort angelangt ist.

✧

Der Gott der Gewässer liegt. Es kommt für ihn nicht in Frage aufzustehen. Die Gebete der Menschen interessieren ihn kaum, weder Schwüre noch Versprechungen. Gering dünkt ihn ein Opfer. Er ist vor allem der Gott des Wassers.
Er hat niemals richtig achtgegeben auf die vom Regen verdorbenen Ernten der Gauren, auf ihre von Überschwemmungen mitgerissenen Herden. Er ist vor al-

lem der Gott des Wassers. Man hat jedoch sehr gebildete Priester. Aber sie wissen eigentlich nicht genug, um ihm zu schmeicheln. Sie studieren, durchforschen die Traditionen, fasten, meditieren, und es ist möglich, daß sie mit der Zeit zu ihm gelangen und die Stimme der Gewässer, die ihm so teuer ist, übertönen.

✧

Wie schamlos wir sind, wir anderen, die wir nur für uns, unsere Familie, unser Vaterland leben, als ob das alles nicht das gleiche Elend wäre!

Man muß darauf achten, wenn man bei den Gauren reist, daß man immer reichlich mit Statuen versehen ist und ihnen ostentativ Opfer bringt, drei oder vier zusätzliche Mahlzeiten bestellt und diese mit etwas geheimnisvoller Miene vom Feuer verzehren läßt.

Angesteckt von der Stimmung, hatte ich begonnen, vor einer kleinen Lampe mit rotem Glas, die ich in meinem Gepäck hatte, regelmäßig Andachten zu halten. Eines Abends war es unwiderstehlich, ich opferte ihr einen Ochsen, und seitdem konnte ich mich nicht enthalten, ihr Gaben darzubringen, wobei ich fast die ganze Nacht in Anbetung verbrachte, umringt von einer Menge von Flehenden, Kranken, und hätte sie mir nicht ein Frommer in der Hoffnung auf große Wunder glücklicherweise gestohlen, hätte ich für sie auf meine Hose verzichtet, aber dieser Diebstahl entmutigte mich, und ich verließ kurz darauf das Land.

✧

Am Ende einer Allee, in einem ekelhaften kleinen Tümpel ist ein Gott mit glänzenden, erregten Augen.

Wozu hat man ihn so beiseite geschoben, wenn man trotzdem zu ihm kommen muß?

Nicht ohne Beklemmung schlägt man den Weg in diese Allee ein.

Denn ein Opfer genügt nicht. Man muß martern und das martern, was man liebt. Dieser Gott, genannt »der Einfache«, gibt sich weder mit Blut noch mit Leben, noch mit Soßen zufrieden. Er will nur Inniges.

Aber wenn ein Vater, der seinen Sohn zärtlich liebt, am Ende der Allee auftaucht, beginnen seine Augen in der Ferne sofort zu glänzen, und ach, man versteht, daß er hier hat, was er braucht, und es zu schätzen weiß.

✧

Wenn ein vom Unglück heimgesuchter Gaure, falls er noch die Kraft dazu hat, die Arme zum Himmel erhebt, rufen ihn die Priester heftig zur Ordnung: »Opfere! Opfere!« sagen sie ihm. Und seine Schwäche und Verstörung ausnutzend, nehmen sie ihm seine Ziege und seine letzte Habe weg. Denn sie sind immer unterwegs zu Orten, wo es irgendeine Not, Katastrophe und Überschwemmung gibt, um den Anteil Gottes einzutreiben, verbreiten überall Schrecken und Duckmäuserei und häufen enorme Reichtümer bei sich an. Sie nutzen, wie man sich vorstellen kann, auch die Besorgnis der Kranken aus. Aber sie fühlen sich bei ihnen nicht wohl, denn wenn sich eine Krankheit in einer

Religionsgemeinschaft ausbreitet, kommen Zweifel am moralischen Wert der Priester im Volk auf, das sofort in Wut gerät und all ihren ohnmächtigen Drohungen und Wolfsmienen zum Trotz seine Habe und den Rest zurückhaben will. Die Gauren sind erbarmungslos gegenüber den Priestern, »die Gott verrät«. Mit dem Gedächtnis von Besessenen, vom Jenseits Gehetzten erinnern sie sofort daran, daß bei irgendeinem Opfer vor Jahren irgendein Priester zögerte, sich verbesserte, stammelte, nutzlos eine Formel wiederholte. Mit weitaufgerissenen Augen jetzt, dürstend nach Raserei und Gerechtigkeit, bringen sie den Göttern die Priester als Opfer dar. Die Klöster leeren sich wie durch ein Wunder, Gott erhält wieder seine Habe und die Erde ihre Ruhe.

MURNEN UND EGLAMBEN

Die Murnen: eingebildet, goboresk, gobastisch, ockerstieflig, bekannt für ihre pralle, völlig wasserdichte Dummheit wie die Agren und die Cordoben für ihre Eifersucht, die Orbusen für ihre Trägheit, die Ridiösen und die Ribobellen für ihre geringe Tugend, die Arpeder für ihre Härte, die Takodioner für ihre Sparsamkeit, die Eglamben für ihr musikalisches Talent.
Vor jedem beliebigen Eglamben kann man irgendein Lied pfeifen, er wird es einem ganz genau wiederholen und (übrigens im ernsten Glauben, alle Musik sei von ihnen gekommen) hinzufügen, daß es eine ihrer alten Melodien sei, selbst wenn man ein Motiv aus »Rheingold« pfeifen würde. Aber er wird es widerwillig pfeifen wie das Lied einer niederen Epoche, von der sich die Eglamben seit langem gelöst haben.

DIE NONESEN UND DIE OLIABAREN

Seit einer Ewigkeit sind die Nonesen Sklaven der Oliabaren. Die Oliabaren lassen sie mehr als nötig arbeiten, denn sie fürchten, daß die Nonesen, wenn sie wieder zu Kräften kommen, das ausnutzen, um in ihr Land zurückzukehren, das zur Zeit ja fast brachliegt und teilweise überschwemmt ist.
Wegen der schlechten Behandlung hat sich die Rasse der Nonesen um die Hälfte vermindert, so daß die Oliabaren, um sie zu jagen, viel tiefer als früher in deren Land eindringen müssen, bis in die Sümpfe, wo sie wahrscheinlich entkämen ohne die dafür abgerichteten Hunde, mit denen man sie hetzt.
Zu allen Zeiten stellten diese Expeditionen ein nationales Vergnügen dar, das übrigens von allen großen oliabarischen Dichtern besungen wird. Aber ach! Immer weniger Nonesen werden mitgebracht; das steht wirklich in keinem Verhältnis zu der unternommenen militärischen Anstrengung, und das ist nicht die Schuld der Generäle.
Daher hat man jetzt unter Aufsicht der Regierung Reservate für nonesische Männer und Frauen eingerichtet, wo sie Erleichterungen genießen, damit sie sich

reichlich vermehren, wie eine normale Rasse, die nicht aussterben will.

Haben die Kinder einmal das Alter erreicht, in dem sie kräftig werden, setzt man sie in der Provinz Avidra aus, wo die Oliabaren sie jagen können.

Denn ein Oliabare kann keine andere Arbeit tun als jagen. Es würde ihn demoralisieren, mit Sicherheit umbringen, finge er eine andere an. Aber er kennt seine Bestimmung und bleibt ihr treu.

Es wäre ganz vergebens, ständig Krieg über ein schon so verarmtes Land zu bringen. Selbst die Generäle verstehen das. Es ist vorteilhafter, den Nonesen ein paar Jahre lang freie Hand zu lassen, so daß alles von neuem Frucht bringt, und sich darauf zu beschränken, diesmal durch Politik mögliche Aufstandsbewegungen niederzuschlagen. Sie laden also den nonesischen Würdenträger, der sie stört, mit großen, zunächst ganz demonstrativen Ehren ein; hat er die Grenze überquert, lassen sie ihm von einem Gendarmen die Zunge abschneiden, erklären dann feierlich, der Nonese habe durchaus Anrecht auf seine Zunge und sogar auf große Ehren; doch die Zunge wächst nicht nach, die Sprache auch nicht, und der gehandikapte Würdenträger wird prompt niedergeschlagen. Die Oliabaren tun so, als verstünden sie seine Wünsche schlecht, kleiden ihn »auf eigenen Wunsch« als Hanswurst, bringen ihn, immer noch auf seinen eigenen Wunsch (!), in die Gesellschaft degenerierter Lebemänner, mit denen er in stupide, abscheuliche Perversionen verwickelt wird, umgeben ihn mit Schildern, auf denen von seiner Verdorbenheit berichtet wird, und geben vor, ihn aus

Großmut nicht zu verurteilen, da er ja »eingeladen« sei.

Aber die menschliche Widerstandskraft hat ihre Grenzen. Wer diese kennt, bringt einen so schnell dahin, daß man nur staunen kann. Der Unglückliche wird bald zu einem Wrack und stirbt in Verzweiflung.

Auch leihen die Oliabaren sich von den Nonesen deren heiligste Statuen aus, wie unter Verbündeten, die einander nur wohlgesonnen sind. Sie nehmen also mit dem Zeichen höchster Verehrung und Achtung die Reliquie oder die heilige Statue mit, von der sie Segen für ihr ganzes Land erwarten. Doch einmal in ihren oliabarischen Gefilden angekommen, lassen die ermüdeten Träger sie wie zufällig in eine Jauchegrube fallen, es finden sich keine Seile, sie bleibt einen Tag und eine Nacht darin liegen, sie kommt vollkommen entstellt und stinkend wieder heraus, man wirft sie zum Gerümpel, mitten in eine Menge anderer Scheußlichkeiten, die einst die heiligsten Reliquien und Gegenstände der Nonesen waren.

Aber die Nonesen haben Geduld. Gott wird das nicht ewig zulassen, sagen sie. Er wartet auf seine Stunde.

Ja sicher, er wartet.

DIE HIVINIZIKIS

Immer in Eile, sich selber voraus, fieberhaft, hierhin, dahin hastend, stets geschäftig, würden sie sogar ihre Hände verlieren. Unmöglich, ihnen eine länger währende Befriedigung zu verschaffen.

Enthusiastisch, ungestüm und »auf Hochtouren«, doch immer nur für kurze Zeit, Schmetterlings-Diplomaten, die überall Markierungen hinterlassen und sie dann vergessen, mit einer Polizei und einem Generalstab, die Dutzende äußerst raffinierter Geheimcodes besitzen, von denen man nie weiß, welcher anzuwenden ist, die sich wiederum ständig ändern und einander austricksen.

Spieler (von morgens bis abends damit beschäftigt, um ihr Vermögen zu würfeln, das jeden Augenblick von einer Hand zur andern wechselt, bis man nicht mehr weiß, wer Schuldner und wer Gläubiger ist), Gauner, Schlitzohren, Wirrköpfe, nicht aus Zerstreutheit und geistiger Umnebelung, sondern durch eine Vielzahl von Klarheiten, die zur falschen Zeit aufblitzen, fanatische Logiker, aber durchsiebt von Abschweifungen und intuitiven Impulsen, die die Existenz und die Nicht-Existenz und alles, was man überhaupt will, und alles, was man nicht will, beweisen, durch Argumentation, durch Nicht-Argumentation, durch Argumentationen aus Nicht-Argumentationen, zerstreut, aber gerissen, und fast unermüdlich, fallen sie zu gleicher Zeit ins Bett und in den Schlaf (aber nur für wenige Stunden), kommen genauso wieder heraus, wie eine Tür, die man auf- und zumacht, regen sich über ein Nichts auf, lassen sich durch weniger als nichts, durch eine Fliege an der Wand, von ihrem Zorn ablenken, empfindlich wie Segel im Wind, am Bett des kranken Vaters in ehrliche Tränen aufgelöst, aber sobald er die Augen geschlossen hat, rennen sie nach dem Testament, streiten, auf dem noch warmen Bett sitzend, über die Erbschaft und begraben ihn im Handumdrehen (das ist besser so, sonst würden sie ihn vergessen, bis er stinkt).

Wie aufgezogene Automaten werfen sie sich ihren Göttern zu Füßen, hunderte von Malen, und verschwinden dann mit einem Satz, ohne sich umzudrehen; sie lieben, wie sie anbeten, schnell, mit Inbrunst, »und dann sprechen wir nicht mehr davon«, sie heiraten ohne Vorsatz, bei einer zufälligen Begegnung, auf der Stelle, und lassen sich ebenso scheiden, ohne Familienleben, arbeiten und betreiben Handel oder ihr Handwerk auf offener Straße, in Wind und Staub und zwischen ausschlagenden Pferden; sie reden wie ein Maschinengewehr; so oft wie möglich zu Pferde und im Galopp, oder, wenn sie zu Fuß sind, mit ausgestreckten Armen, als ob sie endlich ein für alle Mal aufräumen und das Gestrüpp ausreißen wollten in diesem Universum voller Schwierigkeiten und Zwischenfälle, das ständig vor ihnen steht.

✧

Sogar der Justiz ist es nie gelungen, sich eine ausgewogene Denkweise zu eigen zu machen.
Geht es darum, über einen Verbrecher zu richten, wird der Vorsitzende nervös: »Ich begreife nicht«, sagt er, »nehmen wir an, ich sei der Verbrecher.« Er verlangt ein Messer, spielt den Mord nach, wird unruhig, rennt raus, wieder zurück, flieht, läßt sich von den Gendarmen verhaften, und es ist gar nicht so selten, daß der Angeklagte das ausnutzt, um die Beine in die Hand zu nehmen, manchmal in der Kleidung des Vorsitzenden.
Denn dieser nimmt seine Rolle ernst, legt die Richterrobe ab. »Ich bin nur ein einfacher Verbrecher«, sagt er, und die Polizei schlägt ihn grün und blau, und so sehr versetzt sich einer in die Haut des anderen, man weiß wirklich nicht, mit wem man es zu tun hat, noch worum es geht, der übereifrige Richter wird für diesen scheußlichen Mord, den er gesteht und schamlos vorführt, von der Menge gesteinigt. Die Zeugen, versteht sich, sind glücklich, daß sich die Sache klärt, und schwören feierlich, er sei es gewesen, den sie in das Haus des Verbrechens eindringen sahen, und fordern die sofortige Tötung.
Ein anderes Mal erklärt der Beschuldigte: »Herr Vorsitzender, ich habe kaum zugedrückt, sehen Sie, so.« Unterdessen hat er schon mit seinen Händen den Hals des Vorsitzenden umklammert, der sich, halbtot und unfähig, ein Urteil zu sprechen, herauswindet. Aber die Menge, aufgepeitscht durch dieses Schauspiel, das

sie nicht verstanden hat, fordert, daß alle beide, diese verdammten Streithähne, für einige Jahre ins Gefängnis gesteckt werden. Die Anwälte, die alles verkompliziert haben, werden vor die Tür gesetzt, und der Saal leert sich wie mit einem Donnerschlag.

✧

Die Hivinizikis sind immer draußen. Sie können nicht zu Hause bleiben. Wenn man jemand drinnen sieht, ist er nicht daheim. Kein Zweifel, er ist bei einem Freund. Alle Türen sind offen, jeder ist woanders.

Der Hiviniziki lebt auf der Straße. Der Hiviniziki lebt zu Pferd. Er reitet drei davon in einem Tag zuschanden. Immer im Sattel, immer galoppierend, so ist der Hiviniziki.

Dieser dahinstürmende Reiter bleibt plötzlich stehen. Die Schönheit eines vorbeigehenden Mädchens hat ihn beeindruckt. Sofort schwört er ihr ewige Liebe, hält bei ihren Eltern um sie an, die das überhaupt nicht beachten, ruft die ganze Straße zum Zeugen seiner Liebe an, spricht gleich davon, sich die Kehle durchzuschneiden, wenn er nicht erhört wird, und verprügelt seinen Diener, um seiner Beteuerung mehr Gewicht zu verleihen. Inzwischen geht seine Frau durch die Straße, und durch seinen Kopf geht die Erinnerung, daß er schon verheiratet ist. Und da wendet er sich um, enttäuscht, aber nicht abgekühlt, setzt seinen blitzschnellen Ritt fort, eilt zu einem Freund, von dem er nur die Frau antrifft. »Ach! Dieses Leben!« sagt er, er bricht in Schluchzen aus; sie kennt ihn kaum, dennoch tröstet sie ihn, sie trösten sich gegenseitig, er küßt sie. »Ach, weigere dich nicht«, fleht er, »ich liege, ohne zu lügen, in meinen letzten Zügen.« Er wirft sie aufs Linnen wie den Eimer in den Brunnen, und er, ganz in seinem Liebesdurst, Vorbei! Vorbei!, doch plötzlich ist er wieder galvanisiert, macht einen einzigen Satz bis zur Tür, seine Kleider sind noch aufgeknöpft, oder aber sie ruft unter Tränen aus: »Du hast nicht gesagt, daß du meine Augen liebst, du hast mir gar nichts gesagt!« Die Leere, die der Liebe folgt, stößt sie in ihre Entfernung; sie läßt die Pferde anspannen und den Wagen vorfahren: »Ach, was habe ich getan! Was habe ich getan! Meine Augen, die einst so schön waren, so schön, er hat über sie kein Wort verloren! Ich muß schnell auf dem Hof nachschauen, ob nicht der Wolf ein Schaf gefressen hat; ich habe so eine Vorahnung.«

Und holterdiepolter trägt sie ihr Wagen fort, aber nicht zu *ihren* Schafen, denn die sind alle von ihrem Mann heute morgen beim Spiel eingesetzt und verloren worden, das Landhaus, die Felder und alles, außer dem Wolf, um den nicht gewürfelt wurde. Sie selbst wurde eingesetzt ... und verloren, und da kommt sie auch schon gebrochen bei ihrem neuen Herrn an.

✧

Während der Reden der Opposition, die anzuhören natürlich eine Zumutung wäre, wird dem Staatschef, dem Alterspräsidenten und den Abgeordneten seiner Partei im Restaurant der Kammer ein Essen serviert.

Man war immer der Meinung, daß der Staatschef neben dem Karpfen, der ihm zufolge über allem steht, gern einige Dinge zur Zerstreuung in Reichweite hat, so eine Geige, auf der er im übrigen ausgezeichnet spielt (Flöte spielt er weniger gut), Knetmasse in verschiedenen Farben und einen kleinen Salonbogen oder Wurfpfeilchen, mit denen er auf das Kopfhaar der Abgeordneten zielt.

Der wichtigste Gast, der Alterspräsident der Kammer, verschwindet häufig einige Augenblicke, geht frische Luft schnappen, einem Hund nachlaufen, Kieselsteine in die Luft werfen.

So macht jeder, was er will, ohne Einschränkung.

Aber plötzlich stört irgendein Argument der Opposition die Tafel, beunruhigt sie. Der Staatschef springt zur Tür, unterbricht den Redner, diskutiert, noch mit vollem Mund, während der Arzt, der ihn zwischen zwei Bissen seit einer Weile beobachtete, irgendein Krankheitssymptom an ihm fand und ihn unbedingt abhören will.

Der Staatschef stürzt sich mit Vehemenz in seine Rede, mit Vehemenz, aber im Hemd, während der Arzt ihm die Brust freimacht und ihn anfleht: »Atmen Sie tiefer, strengen Sie sich an, ich höre Sie nicht!«

Unterdessen kommen die Köche herein, beleidigt, daß man die Hammelkeule und das Hähnchen nicht angerührt hat; sie kommen, beladen mit dampfendem Fleisch, bringen auch einige Teller, stopfen Biskuit in befreundete Taschen und stimmen mit erhobenen Händen für das erste Gesetz, das eingebracht wird. Dank ihrer Unterstützung siegt die regierende Partei.

Draußen bekundet das Volk, wenn es von dem Ergebnis erfährt, überschwenglich seine Freude darüber, daß es weise regiert wird.
Ein Teil der Menge, der gratulieren wollte, findet nur Krawall und Streit vor. Da er sich ein weiteres Mal betrogen sieht, schreit er denen draußen zu, sie sollten sich sofort an ihren Trotteln von Abgeordneten rächen.
Die Frauen, die gleich herbeigelaufen sind, beschimpfen diese als Hahnreie und Schlappschwänze gegenüber der Nation.
Als ich ebenfalls eintrat, neugierig und fragend, hatte die Frau, die die Aufständischen anführte, eine große Brünette voller Magnetismus, plötzlich eine andere Idee. »Kleiner Narr!« sagte sie mit einem betörenden Lächeln zu mir, »komm schon, an meiner Brust wirst du dich viel wohler fühlen«, und sie zog mich in einen verlassenen Gang.

✧

Ein General gewinnt mit großartigen Manövern einen Feldzug und schlägt den Feind in die Flucht, dann, weil er nicht mehr weiß, zu welchem Lager er gehört, läßt er sich von einer elenden feindlichen Nachhut schlagen, die er für seine eigene hielt.
Aber ein Hauptmann bemerkt die Sache, bevor es zur Katastrophe kommt, meldet es dem General, stellt den Sieg wieder her, vergißt dann seine Männer in einem Graben und jagt plötzlich einem Damhirsch nach, den er in der Ferne gesehen zu haben glaubt.
Die Männer ihrerseits vergessen, daß sie im Krieg sind, und lassen sich von Mädchen oder einem gerissenen

Wirt anlocken, der sie von seiner Tür aus ruft und ihnen die erste Runde spendiert.
Wenn der General die Truppe inspizieren will, findet er nur noch ein paar Bauern mit Mistgabeln vor.
Gäbe es nicht die einzigartige Strategie der Hivinizikis, wäre das recht gefährlich, aber sie sind unvergleichliche Strategen. Alle Gebildeten sind dort Strategen.
Jene nonchalanten Herren, die man in jenem Obstgarten Birnen pflücken und sich damit den Mund vollstopfen sieht, sind keine einfachen Marodeure. Es sind zwei Oberste (Sonntagsoberste), sie warten auf den Ausgang eines klugen Manövers, das sie eingeleitet haben. Und von diesen Obersten ist der eine Schauspieler, der andere Priester.
Aber an diesem Feiertag widmen sie sich der nationalen Leidenschaft der Strategie.
Wenn sie nur über wenig Zeit verfügen, spielen sie Ball. Da braucht man zur Leitung der Operation einen schlauen Kapitän. Nicht diese kleinen Handgemenge wie in Europa. Nein, riesige Parteien auf unebenem Gelände mit hundert Leuten und sieben oder acht Bällen, von denen man fünf in weniger als acht Minuten ins Tor bringen muß, und die vorzugsweise am Abend stattfinden.
Kein Katzenauge, das rechtzeitig die Massen von losstürzenden Spielern sehen könnte. Man spielt nach Gehör.

✧

Im Theater beginnen die Schauspieler mit einer Komödie, gleiten in den zweiten Akt eines Dramas, gehen zu

einem anderen Stück des Repertoires über und schließen mit einer glänzenden Improvisation.
Man kann natürlich nicht von allen Ensembles ein solches Brio verlangen, das bei den Akteuren einen nahezu genialen Sinn für Anpassung erfordert und das man dementsprechend zu schätzen weiß.
Aber in welches Theater man auch geht, es herrscht dort ein unglaublicher Trubel, sowohl im Saal wie auf der Bühne.
Sie verlassen den Saal, sobald ihre Lieblingsschauspieler abgehen, kehren zurück, sobald diese in einer der folgenden Szenen erneut auftreten, jeder nach seinen persönlichen Vorlieben, gleiten wie Aale die vollbesetzten Reihen entlang, springen hinaus, als würden sie brennen; der von den Zuschauern verursachte Wirbel ist unbeschreiblich. Man muß dort gewesen sein, um ihn zu kennen. Bei offener Tür (und sie öffnet und schließt sich ständig wie das Ventil eines Motors) hört man draußen die Pferde stampfen. Denn haben die Hivinizikis zwischen zwei Akten zehn Minuten Zeit, springen sie auch schon aufs Pferd und reiten wie der Blitz zu einer Verabredung.
Kaum zurück, sind sie auf ihren Plätzen und fordern, daß man zweimal, dreimal die einfachsten Repliken wiederholt, die von ihren Nachbarn verachtet und mit gleicher Inbrunst ausgepfiffen werden.
Junge Enthusiasten steigen auf die Bühne und wollen unbedingt vor der Heldin niederknien und schlagen sich darum, wer ihr am nächsten kommen darf.
Das Drama geht weiter, immer noch schnell, und bevor sich der Kniende erhebt, sind zehn oder fünfzehn

Jahre vergangen, vielleicht mehr, die junge Frau ist jetzt Großmutter, man bringt ihr ihre weiße Perücke.

Ein anderes Mal, von der Schilderung ihrer Leiden mitgerissen, von Dramatik verzehrt, spürt sie, wie das eigene Drama *ihres* Lebens sich in ihr einnistet. Ein Schmerz zieht den anderen an. Sie wähnt sich am Sterbebett ihrer Mutter, der kalte Schweiß bricht ihr aus, dann, als ihr Geliebter geht: »Du sagtest, du würdest mich immer lieben, und als du fortgingst, hast du sogar die Strümpfe mitgenommen, die du mir geschenkt hast.« Und als ob das nicht genug wäre, tritt der Verräter auch schon aus einer Papptür hervor. Auf diesem Höhepunkt des Unglücks erschauert sie mit soviel echtem Grauen, daß die ganze erste Reihe nach der Peitsche greift. Und da der junge verliebte Zuschauer in seiner fortwährenden Todesangst nicht mehr verharren kann, schwingt er sich hinauf, um den Verräter durchzuprügeln. Obwohl dieser ihn von oben packt, wird er in das Orchester hinabgeworfen, in einem großen Getöse mit musikalischen Anklängen.

DOVOBO, KAISER VON GROSS-GARABANNIEN

Wider alle Erwartung erlangte Dovobo durch den Tod seines Vaters, seiner Mutter und sechs seiner Brüder die Würde des Kaisers von Groß-Garabannien, übrigens mehr ein Ehrenamt als ein wirkliches. (Die meisten Stämme dachten nicht im geringsten daran, ihm irgendeinen Tribut zu leisten.)
Dieser Wilde war niemals am Hof erschienen. Er kam in die Hauptstadt wie ein Wahnsinniger, auf einem gefährlichen Pferd, das gedopt zu sein schien.
Er ließ sich einkleiden, unzufrieden und stumm.
Am Ende der Zeremonie, als er alle Insignien empfangen hatte, erhob er sich, als wollte er eine Rede halten, setzte sich wieder und stieß einen tiefen Seufzer aus. Es gab ein Gemurmel unter den Höflingen. Er erhob sich wieder, sah sie mit einem Blick an, der nichts Gutes verhieß, setzte sich wieder und rülpste.
Sie sahen einander an, trauten ihren Ohren nicht.
Nach einigen Minuten erscholl seine gewaltige, wütende Stimme: »Sie sollen hinausgehen! Sie sollen jetzt hinausgehen!«, und die Türen des Palastes schlossen sich hinter dem verblüfften Hof.
Man wollte ihn zum kaiserlichen Schlafgemach führen.

»Nein!« Er ging mit zwei Bediensteten durch den Palast, riß hier Bettlaken, dort Decken an sich, packte Kissen und Wandbehänge, die ihm gefielen, türmte alles auf dem Dach übereinander und legte sich darauf schlafen.
Beim Erwachen am nächsten Morgen ließ er die Throne in den Edoar werfen, den Thron des Thronsaals, den Thron des Senats, den Thron des Speisesaals, den Thron des Salons der Botschafter, den Thron des Ratssaals, den Thron des Kleinen Palastes, alle außer einem kleinen Thron aus Korbgeflecht, den er im Garten entdeckte und, ihn an einem Bein hinter sich herziehend, von da an durch die Räume und den Park überall mitschleppte, ohne ihn einem Bediensteten anvertrauen zu wollen.
Er richtete sich im Garten ein und verließ ihn nicht mehr. Er aß dort, empfing dort, schlief dort.
Seine Audienzen im Garten (im Gras und in der Ameisenerde). Die Generäle im Garten. Die Diplomaten im Garten, die Gouverneure im Garten.
Die Türen wurden dem Volk geöffnet, den Bettlern, den Armen, allen, ebenso wie die Türen des großen Parks.
Der angewiderte Adel beließ es bei kurzen Auftritten.
Die Beamten kamen nur zu den Unterschriften. (Dovobos Unterschrift bestand aus einem einzigen Buchstaben, war aber groß wie eine Handfläche.)
Übrigens schwer zu täuschen, denn, da er so tat, als würde er nicht verstehen, verlangte er ständig einen einfacheren Bericht, immer einfacher und noch einfacher, bis man ihm die bloße Formel der Wahrheit sagte, oder

eine reine Lüge, was er ganz genau durchschaute; dann wurde man mit einem wüsten Wort abgefertigt.

Gehaßt von den Großen, die er unaufhörlich vor den Kopf stieß, verwegen in seiner Unbekümmertheit, ohne Eskorte, ohne Garden, mit zwei oder drei Frauen schlafend, die er sich je nach Laune nahm, warum wurde er nicht schon einen Tag nach seiner Inthronisierung erstochen? Es ist ein Wunder.

Doch das Volk, für das man den Garten nachts offen ließ, wachte über ihn, eine spontane, begeisterte Garde, die dank der Freizügigkeit Dovobos und seines ungezwungenen Verhaltens immer größer wurde.

Seine Gleichgültigkeit dem Tode gegenüber, die manches entsetzliche Geheimnis zu verbergen schien, schützte ihn gewiß noch mehr.

Nachdem Dovobo acht Tage so verbracht hatte, begab er sich nach Kivni, sicher nicht wegen des Vize-Königs und seines Hofes (an dem es noch geregelter und kleinlicher als in der Hauptstadt zugeht), sondern wegen der herrlichen Jagdreviere im Wald, die man in der Umgebung findet.

Gleich bei seiner Ankunft mißfiel ihm der Vize-König.

Auf die lange Willkommensrede antwortete er nur spöttisch und mürrisch: »Gut! Gut! Gut!«

Der Vize-König, gekränkt und bleich, sagte kein Wort.

Man setzte sich zu Tisch. Dovobo bediente sich nicht, schaute woandershin. Plötzlich wandte er sich dem Vize-König zu: »Mir klingen die Ohren von all dem, was du mir sagst.« Der Vize-König antwortete nicht.

Ein böser Ausdruck erschien auf Dovobos Gesicht anstelle des ungezwungenen.
Als man ihm einen appetitlichen Truthahn auf einer großen Kupferplatte reichte, bemächtigte er sich der Platte, verbog sie mit einer Hand und faltete sie, wie er es mit einem Pantoffel getan hätte, wobei die Soße in hohem Bogen über den Tisch spritzte und der Truthahn peinlicherweise herunterpurzelte.
Man erblaßte vor seiner Kraft, und er, blaß von der geleisteten Anstrengung und durch das tiefe Schweigen, das eingetreten war, beleidigt, stieß seinen Stuhl zurück, ging aus dem Saal, verlangte Tinte, ließ sie auf die Mütze eines Lakaien schwappen und schrieb damit an die große Tür des Palastes in Buchstaben, die so groß wie Brote waren:

VERFLUCHT SEI DIESES HAUS!
gezeichnet: Dovobo.

Dann verschwand er mit seinem ganzen Gefolge und ließ seine Zelte vor den Toren von Kivni aufschlagen.
Dort bestellte er zwanzig zufällig ausgewählte Adlige zu sich. Und tausend bekamen Angst. Zwei Stunden später verstopften Adlige, Frauen, Geschenke, Pferde, Diener die Straßen in Richtung seines Lagers.
Er nahm die Geschenke in Empfang und verteilte seine großzügig und herzlich, erkundigte sich nach den nächstgelegenen Jagdrevieren und brach gleich danach auf mit denen, die sich zur Jagd bereit fanden. Er jagte drei volle Tage, ohne sich eine Stunde auszuruhen,

selbst in der Nacht, wobei er alle seine Begleiter bis zur Erschöpfung trieb und hinter sich ließ.
Am Morgen des vierten Tages kehrte er allein zurück, so müde, daß er auf seinem Pferd schlief. Drei Speere in seinem Rücken, von denen einer ihn völlig durchbohrte, weckten ihn auf.
Er suchte seine Angreifer; da er sie nicht sah, machte er kehrt, ritt wieder zum Wald zurück, ein großer Hirsch kam aus dem Gebüsch, der Jagdinstinkt packte ihn wieder. Mit einer ungeheuren Anstrengung hob er seine Lanze und stieß sie ihm kraftvoll in die Flanke. Der große Hirsch fiel, doch hatte sich Dovobo mit seiner ausholenden Bewegung, durch die sich der Speer in ihm verschoben hatte, selbst getötet. Er fiel.
Der Hirsch und er müssen etwa zur gleichen Zeit gestorben sein; er, Dovobo, am Morgen des siebzehnten Tages seiner Herrschaft.
Nach ihm gab es kein Kaiserreich mehr. Man verzichtete ganz selbstverständlich darauf.
In Groß-Garabannien wird man eher vom Temperament der Rasse als von Führern geleitet.

Februar 1936